BIBLIOTHÈQUE

ÉGYPTOLOGIQUE

—

TOME DIX-SEPTIÈME

CHALON-SUR-SAONE

IMPRIMERIE FRANÇAISE ET ORIENTALE DE E. BERTRAND

BIBLIOTHÈQUE
ÉGYPTOLOGIQUE

CONTENANT LES

ŒUVRES DES ÉGYPTOLOGUES FRANÇAIS

dispersées dans divers Recueils
et qui n'ont pas encore été réunies jusqu'à ce jour

PUBLIÉS SOUS LA DIRECTION DE

G. MASPERO

Membre de l'Institut
Directeur d'études à l'École pratique des Hautes Études
Professeur au Collège de France

TOME DIX-SEPTIÈME

P.-J. DE HORRACK

ŒUVRES DIVERSES

PARIS

ERNEST LEROUX, ÉDITEUR

28, RUE BONAPARTE, 28

1907

P.-J. DE HORRACK

—

ŒUVRES DIVERSES

CHALON-SUR-SAONE

IMPRIMERIE FRANÇAISE ET ORIENTALE DE É. BERTRAND

P.-J. DE HORRACK

—

ŒUVRES DIVERSES

PUBLIÉES SOUS LA DIRECTION DE

PH. VIREY

ET

G. MASPERO

Membre de l'Institut
Directeur d'études à l'École pratique des Hautes Études
Professeur au Collège de France

———•———

PARIS

ERNEST LEROUX, ÉDITEUR

28, RUE BONAPARTE, 28

—

1907

PHILIPPE-JACQUES DE HORRACK

1820-1902

NOTICE BIOGRAPHIQUE

DE

PHILIPPE-JACQUES DE HORRACK

Par Philippe VIREY

Philippe-Jacques-Ferdinand de Horrack[1] naquit à Francfort-sur-le-Mein, le 7 septembre 1820. Il était d'origine autrichienne, fils aîné de Michael von Horrack[2] et de Catherine Herzog[3]. Son père Michael von Horrack résidait à Francfort en qualité d'administrateur des finances du *Deutsche Bundestag*, ou diète de la Confédération germanique, alors présidée par l'Autriche : il se recommandait par la rectitude de sa vie, son intégrité, et toutes les qualités qui distinguèrent plus tard Philippe de Horrack, sans excepter le goût de l'archéologie ; il consacrait ses loisirs à

1. Ces renseignements biographiques et généalogiques m'ont été procurés par Mme de Horrack.

2. Né à Vienne (Autriche) en 1775 ; mort à Francfort-sur-le-Mein en 1837 ; Catherine Herzog mourut à Francfort en octobre 1872.

3. De ce mariage naquirent cinq enfants : deux fils, Philippe-Jacques-Ferdinand, à qui nous consacrons cette notice ; et Carl, qui devint officier dans l'armée autrichienne, et fut blessé mortellement, en 1866, à la bataille de Sadowa-Königsgratz ; et trois filles aujourd'hui décédées, dont l'une épousa Louis Tolhausen, qui fut consul général de France à Cologne jusqu'à l'année 1870, et mourut à Francfort-sur-le-Mein en 1903.

l'étude des antiquités romaines, et avait formé une collection importante, qui fut vendue après sa mort (1837).

De bonne heure, son fils aîné se prépara à la pratique des affaires. Peu de temps après la mort de son père, il alla à Coblenz, puis à Mayence, pour s'instruire dans le commerce. En 1843, il vint à Paris, et travailla quelques années chez les banquiers Greene et Cie. En 1851, il entra dans la maison Tiffany, Reed et Cie, aujourd'hui Tiffany et Cie, où il acquit une situation considérable, et demeura jusqu'au bout de sa carrière commerciale. Héritier des goûts de son père, qui consacrait à l'étude de l'archéologie les loisirs que lui laissait son travail, il se mit, vers la fin de l'année 1856, à étudier l'ancienne langue égyptienne. En 1858, désireux de lire le mémoire de Chabas intitulé : *Une inscription de Séti Ier* et publié dans les *Mémoires de la Société d'Histoire et d'Archéologie de Chalon-sur-Saône*, il demanda à l'auteur[1] où il pourrait s'en procurer un exemplaire. Ainsi commencèrent ses relations avec Chabas[2], relations qui devinrent si amicales et si précieuses à l'un et à l'autre. Bientôt M. de Horrack racontait au savant dont il devenait le disciple ses premiers essais dans l'égyptologie :

Il y a maintenant deux ans que je me suis livré à l'étude des hiéroglyphes. Mon début fut très malheureux. Sans aucun guide, les ouvrages de MM. Seyffarth et Uhlemann m'étant tombés sous la main les premiers, j'ai perdu presque une année dans des études stériles[3]...

... J'avais bien pensé que la langue copte était de la dernière importance pour le déchiffrement des hiéroglyphes ; mais, depuis un an, je suis revenu de mon idée, et je crois avec vous que l'ancienne langue égyptienne doit être recherchée dans les textes,

1. Lettre à Chabas, du 7 décembre 1858.

2. Voir la *Notice biographique de F.-J. Chabas, Bibliothèque égyptologique*, tome IX, p. xx-xxi.

3. Lettre du 12 décembre 1858

et par les moyens que vous avez si bien indiqués dans vos mémoires[1].

Cependant il prouvait à Chabas qu'il avait déjà accompli
des progrès sérieux, en faisant pour lui, à Paris, d'utiles
recherches sur les variantes hiéroglyphiques du nom de
Rakoti[2], et lui indiquait qu'il s'était constitué une bibliothèque égyptologique assez importante. Mais il se plaignait
d'être souvent embarrassé pour le choix des livres à acheter, à cause du prix élevé des publications hiéroglyphiques.
Chabas lui répondit, le 30 décembre 1858 :

... Vous m'avez mis parfaitement à même de traiter mon sujet[3].
Merci donc de votre complaisant empressement.

Comme vous le dites très bien, il est fâcheux que les ouvrages
de la nature de ceux qui sont nécessaires à nos études soient d'un
prix élevé. Indépendamment de ces inconvénients, lorsqu'on dé-
bute dans l'étude, on manque de guide et l'on se procure à grands
frais des livres parfaitement inutiles. J'ai passé par cette épreuve,
et je puis vous conseiller de n'agir dorénavant que d'après ce principe : des hiéroglyphes, des hiéroglyphes, et toujours des hiéroglyphes. Les ouvrages de Brugsch, de Rougé, Birch et les miens
ne vous seront utiles qu'autant que vous pourrez collationner avec
les textes toutes les traductions, en les faisant ainsi de nouveau
pour votre propre compte.

Vous pouvez renvoyer à plus tard l'étude du démotique et de la
géographie de l'Égypte, et par conséquent des ouvrages qui s'y
rapportent ; mais vous ne pouvez pas vous passer du Todtenbuch,
du Königsbuch, du Sharpe, des Select Papyri, des textes publiés
par Greene, enfin de tous les ouvrages de textes purs qui vous seront accessibles. La possession des Denkmäler de Lepsius serait
inestimable, mais c'est ruineux. Les Monuments de Champollion
et son Dictionnaire, comme aussi son Panthéon, peuvent aisément

---

1 et 2. Lettre du 28 décembre 1858.

3. Par l'envoi des variantes hiéroglyphiques du nom de Rakoti, dans
la lettre du 28 décembre 1858.

être laissés de côté. Je n'ai pas eu l'occasion de voir le grand ouvrage de Rosellini...

Chabas recommandait ensuite à M. de Horrack les publications de textes du British Museum, et terminait ainsi :

Un excellent moyen de progrès consisterait à copier au Louvre les nombreuses inscriptions qui s'y trouvent exposées... Si vous avez besoin de quelques facilités spéciales, je me ferai un plaisir de vous recommander à M. de Rougé...

— Il y a un an, répondit M. de Horrack[1], que j'ai une permission de copier les inscriptions du Musée du Louvre, et j'en ai fait usage aussi souvent que mes occupations me le permettaient, en commençant par les stèles d'Apis (2243, 2244, 2259, 2035), dont j'ai copié les plus remarquables et les mieux conservées, ainsi que les canopes du Sérapéum, intéressantes à cause des variantes... D'après vos conseils, je me suis procuré les Select Papyri, les papyrus Belmore, ainsi que les inscriptions de Sharpe, dont je sentais bien le besoin, à cause des références... J'ai aussi eu occasion d'acheter, à des conditions avantageuses, la Géographie de M. Brugsh ; ces ouvrages, joints au Todtenbuch, Königsbuch et Greene, que je possédais, complètent la liste des textes que vous avez eu la bonté de me recommander, à l'exception des Denkmäler. Je suis donc en état de suivre de plus près la méthode que vous avez bien voulu m'indiquer...

Chabas se réjouissait de voir ses conseils si consciencieusement suivis, quand au printemps de 1859 la santé de M. de Horrack parut ne pouvoir plus supporter, en même temps que les fatigues nécessitées par sa profession, le surcroît de travail que lui imposait son goût pour les études égyptologiques. Au mois de mars 1859, il alla dans un établissement hydrothérapique chercher vainement à regagner un peu des forces perdues par un travail trop fatigant. Il fut

1. Lettre du 22 février 1859.

alors sur le point de renoncer complètement à ses études
égyptiennes. Par une lettre du 18 avril 1859, il en avertit
Chabas. Celui-ci, sans vouloir combattre une résolution dont
il n'était pas en mesure de discuter la nécessité, regretta
simplement que cette résolution fût aussi radicale, et demanda si M. de Horrack ne pourrait pas suffisamment mé-
nager ses forces en organisant autrement son travail. M. de
Horrack répondit [1] :

Croyez bien qu'il m'en coûte beaucoup d'abandonner mon étude
favorite, et de me séparer de mes livres au moment où j'étais dans
la bonne voie. Depuis la réception de votre aimable lettre, je suis
devenu irrésolu... Je m'en vais suivre votre conseil, et tâcher de
mieux diviser mon temps... Comme vous, je suis dans le commerce, et occupé pendant la journée. J'aime l'étude des hiéroglyphes, la plus intéressante que je connaisse, et il a fallu certainement une raison très grave pour m'en détourner.

— Je ne saurais trop vite, répondit Chabas, dès le 24 avril 1859,
vous féliciter du retour que vous semblez avoir fait sur vous-
même à propos des hiéroglyphes. Soyez convaincu que, plus tard,
vous regretteriez amèrement l'abandon que vous avez un instant
projeté.

Cet excellent M. S. Birch,... qui, dans sa correspondance, se
plaint quelquefois de ses soucis de famille, m'écrivait dernièrement, à propos de l'étude de l'égyptien : « It grows upon one and
is a great alleviation of domestic cares. » Cette pensée est très
vraie, et la portée doit même en être étendue à tous les ennuis, à
toutes les déceptions de la vie...

Mais cette haute valeur de la science qui nous est commune ne
doit pas nous entraîner au delà des limites d'un travail raison-
nable et proportionné à nos forces. Un travail outré est mauvais à
tous égards, même au point de vue des progrès. J'ai remarqué bien
des fois qu'après des interruptions nécessitées soit par la fatigue,
soit par les affaires, je reprenais l'étude avec plus de facilité, et que,
loin d'avoir oublié, il se trouvait que j'avais introduit de l'ordre

---

1. Lettre du 22 avril 1859.

dans les notions précédemment acquises. Dussiez-vous même,
après tout, progresser plus lentement, n'en persistez pas moins
dans une étude qui est la mine la plus féconde, la plus inexplorée,
la plus merveilleuse qu'il ait jamais été donné à l'homme d'ap-
profondir... Je suis du reste tout à votre disposition pour les conseils que vous pouvez avoir à me demander dans le cours de vos
études...

M. de Horrack se laissa persuader. Il écrivit qu'il était
décidé « à reprendre ses études égyptiennes avec de nouvelles forces », et qu'il serait très heureux de recevoir les
conseils de Chabas. Il était au courant des résultats alors
acquis par les égyptologues; il s'agissait maintenant de
progresser par lui-même, en suivant une méthode qui lui
permit de ne travailler que dans la mesure de ses forces, et
cependant d'obtenir de bons résultats.

Le 17 mai 1859, Chabas répondit par l'envoi d'un plan
d'études. Le principal caractère de ce plan, c'est que l'étudiant devait commencer la préparation d'un dictionnaire sur
fiches; ou d'un dictionnaire où les mots se succéderaient
sans ordre apparent, mais pourraient être aisément re-
trouvés au moyen d'un répertoire ou index alphabétique[1].
Il devait consacrer au moins une page de grand format
*à chacun des mots qu'il rencontrait dans chaque texte
analysé*. La même page, complétée au besoin par plusieurs
autres, devait recueillir *tous les exemples* de ce mot que
l'étudiant rencontrerait dans le même texte ou les autres
textes qu'il analyserait ensuite. Par cette méthode, les progrès ne devaient pas être d'abord extrêmement rapides;
mais ils devaient être durables; et le travail pouvait sans
inconvénient être momentanément interrompu[2].

1. Le dictionnaire manuscrit de Chabas est organisé d'après ce
système.
2. Par cette même lettre du 17 mai 1859, Chabas adressait M. de
Horrack à Théodule Devéria, au Musée égyptien du Louvre.

Avec cette méthode, écrivait Chabas[1], on a toujours à faire et toujours la facilité de travailler, car il n'y a aucun inconvénient à passer d'un texte à l'autre. Toute bonne observation se classe immédiatement ; rien ne se perd, et la multiplicité des répétitions finit par faire une profonde impression sur la mémoire et sur l'intelligence.

Je vois avec infiniment de plaisir, écrivait-il encore, que vous appréciez mon système d'étude. Mais c'est surtout au bout de quelques mois que vous en reconnaitrez la valeur.

Une lettre du 30 septembre 1859 rassura Chabas sur la constance du zèle de son disciple et sur le succès de sa méthode. M. de Horrack lui annonçait qu'il irait au Musée du Louvre noter pour lui des variantes du chapitre 90 du Rituel dès que Devéria serait de retour. Il ajoutait :

Je ne puis assez me louer de l'extrème complaisance que M. Devéria a mise à me laisser prendre des copies de plusieurs exemplaires du chapitre 1 du Rituel, de l'inscription d'Ahmès, de celle de Radesieh, etc., que j'ai analysées en essayant en même temps de les traduire. Dans ce moment-ci, j'ai sous la main le chapitre 17 du Rituel ; il est vrai que je n'avance que très lentement ; mais en revanche je suis moralement certain du succès que promet votre excellente méthode, et je travaille avec plaisir...

Je poursuis[2] mes études égyptiennes avec empressement ; tout le temps dont je puis disposer est employé par l'analyse des textes d'après la méthode que vous avez bien voulu m'indiquer. Je marche lentement, car je ne suis qu'à la fin du chapitre 18 du Rituel, que j'ai mis souvent de côté pour attaquer des textes historiques dont le sens est plus facile à saisir... Je vous remercie de votre bonne volonté pour m'être utile dans mes études ; j'en ferai usage en vous envoyant sous peu une petite liste de mots qui m'embarrassent... Jusqu'à présent, j'ai négligé l'étude de l'hiératique, faute de textes clairs et faciles ; je suis donc bien aise d'apprendre la publication prochaine du papyrus de Mme d'Orbigny.

1. Lettre du 19 mai 1859.
2. Lettre du 10 janvier 1860.

Chabas, qui s'intéressait à la publication du papyrus
d'Orbiney, aurait bien voulu connaître aussi les papyrus
hiératiques de Berlin, qui formaient un volume de la publication des *Denkmäler* de Lepsius. Il pria M. de Horrack de
faire les démarches nécessaires pour savoir si les papyrus
pourraient être achetés séparément de l'ensemble des *Denkmäler*.

Je regrette, lui répondit M. de Horrack[1], d'avoir à vous annoncer que mon libraire, M. Bohné, n'a pas réussi à obtenir un exem·
plaire de la dernière livraison de l'ouvrage de M. Lepsius. L'éditeur l'a refusé de la manière la plus positive. Je crois que la meil·
leure chose à faire sera de s'adresser directement à M. Lepsius.
Je ferai cette démarche pour mon compte, et je vous engage à en
faire autant[2] pour mieux lui faire comprendre le besoin des tirages à part de son papyrus... Depuis que j'ai eu le plaisir de vous
voir, j'ai régulièrement suivi le cours de M. de Rougé, qui explique dans ce moment-ci l'alphabet égyptien, en prenant pour
base la grammaire de Champollion. Nous ne marchons que fort
lentement, et je n'ai encore rien appris de nouveau...

Cependant le beau-frère de M. de Horrack, Louis Tolhausen, qui résidait alors à Berlin, avait entrepris des démarches auprès du ministre d'État pour obtenir qu'il fût
dérogé au règlement qui empêchait de vendre séparément
les papyrus de Berlin[3]. En rendant compte à Chabas de

---

1. Lettre du 26 mai 1860. Une lettre du 10 septembre 1862 annonça
enfin à Chabas que la chose était devenue possible; mais Chabas recevait alors de Lepsius toute la publication des *Denkmäler*.

2. Chabas finit par se décider à suivre ce conseil et écrivit à Lepsius le
29 Juin 1862. Il obtint ce qu'il désirait au mois de septembre 1862; et
les bonnes relations qui s'établirent alors entre lui et Lepsius lui firent
ensuite obtenir bien davantage (*Notice biographique de F.-J. Chabas,*
dans la *Bibliothèque égyptologique,* t. IX, p. XL, XLI, XLIV).

3. Lettres de M. de Horrack à Chabas, du 4 juillet et du 18 septembre
1860.

l'état de la question[1], M. de Horrack lui rendait compte
aussi du progrès de ses études. Il venait de transcrire les
passages des *Select Papyri* traduits par Goodwin et par
E. de Rougé, à partir du papyrus Sallier III. Il continua en
transcrivant le papyrus magique Harris[2], publié par Chabas ; puis, d'après les conseils de celui-ci, le papyrus d'Orbiney, qui devait fournir la meilleure base du Dictionnaire
d'étude[3]. Le moment arrivait où M. de Horrack allait se
lancer, suivant l'expression de Devéria[4]. Il raconta ainsi à
Chabas sa trouvaille du sujet de sa première publication :

J'ai trouvé[5] chez un marchand d'estampes un... hypocéphale en
toile forte couverte d'une couche de plâtre et peinte en jaune, dont
j'ai fait l'acquisition moyennant un franc. En voici une copie
exacte. Ma traduction de l'inscription circulaire a été légèrement
rectifiée par M. Devéria ; mais je reste dans le doute sur plusieurs
détails ; et comme mon petit trésor m'intéresse particulièrement,
je vous serai obligé si vous vouliez me donner le sens exact de
l'inscription. Ra et le pronom féminin m'embarrassent. Votre papyrus magique m'a fourni des renseignements intéressants sur les
hypocéphales en général...

Une autre lettre, du 30 octobre 1861, montra à Chabas
que l'hypocéphale faisait le sujet d'un travail approfondi :

Grâce à M. Devéria, je pourrai étudier les hypocéphales du
Louvre, qui contiennent des variantes intéressantes. Aussitôt que

1. Lettre du 18 septembre 1860.
2. Lettre à Chabas, du 28 janvier 1861.
3. « Mon dictionnaire est un volume monstrueux, avec répertoire
séparé (voir page 9, l. 13-14). Les deux fonctionnent d'après votre système, et suivant votre conseil j'ai commencé par le papyrus des Deux
Frères. » (Lettre du 5 juillet 1861).
4. Voir *Bibliothèque égyptologique*, t. IX, p. xliii.
5. Lettre à Chabas, du 22 août 1861. L'hypocéphale en question,
donné au Musée du Louvre, y est exposé sous le nᵒ 1251.

je les aurai recueillies, je terminerai ma notice pour vous la soumettre...

Je reste maintenant 61, rue Taitbout, où j'ai loué un joli petit
appartement faisant face à l'Est. Mon petit salon est garni d'un
bureau construit exprès pour l'étude des hiéroglyphes et surmonté
d'une espèce d'étagère qui contient seulement des ouvrages égyptiens. Je vous prierais de m'adresser vos lettres aux soins de
MM. Tiffany, Reed et Cⁱᵉ ; mais les *brochures*... au n° 61 de la
rue Taitbout... Je dois éviter tous les indices qui pourraient...
faire soupçonner que mes goûts se portent plutôt vers l'égyptologie que vers la science de faire de l'argent...

Cependant la crise causée par la guerre de la Sécession
aurait pu lui procurer des loisirs pour l'étude. Une lettre à
Chabas, du 4 novembre 1861, nous montre qu'il regrettait
les heures perdues à la fois pour les affaires et pour l'égyptologie :

Les affaires, en Amérique [1], sont bien plus tristes que celles en
France. Nous ne faisons rien, absolument rien. Malheureusement
je suis obligé d'être au bureau quand même, sans pouvoir m'occuper d'autres choses [2].

L'affaire du *Trent*, après avoir failli causer une guerre
entre l'Angleterre et l'Amérique, parut à peu près arran-
gée au commencement de l'année 1862. La notice sur l'hypocéphale avait été cependant rédigée au milieu de ces agi-
tations. Mais M. de Horrack l'avait mise de côté : car, aussi
modeste que difficile pour son propre travail, il n'en était
pas encore satisfait. Il fallut que Chabas demandât à la voir.
M. de Horrack lui répondit le 16 janvier 1862 :

1. On sait que la maison Tiffany, dont M. de Horrack était un des
représentants à Paris, avait son siège en Amérique.
2. La même lettre faisait connaître à Chabas l'explication des premières lignes du Conte des Deux Frères, telle qu'elle était alors donnée
par E. de Rougé.

... Je vous envoie ce que j'ai produit... je vous prie de regarder cet essai plutôt pour le thème d'un écolier, fait pour sa propre instruction, et non pas pour être publié. Ne me ménagez donc pas... je suis prêt à recommencer ; je regrette seulement la peine que je vous donne.

J'analyse dans ce moment-ci votre papyrus magique. Je n'avance que lentement dans ce travail ; mais mon Dictionnaire prend des proportions de plus en plus volumineuses, et me donne beaucoup de satisfaction.

Chabas lut le travail sur l'hypocéphale, et le renvoya à l'auteur, avec quelques observations dont celui-ci profita pour retoucher et compléter son œuvre. Le mémoire fut alors soumis à l'appréciation d'E. de Rougé[1]. Mais, pour prendre patience en attendant la réponse du maître. M. de Horrack étudia, d'après les indications de Chabas, une lettre des papyrus Anastasi, antérieurement traduite par Goodwin. Tout en se défendant d'avoir eu l'idée de faire mieux que le savant anglais, il s'écarta quelquefois de la traduction de celui-ci, pour donner son interprétation personnelle. La discussion du texte avec Chabas[2] l'amena à présenter encore d'autres remarques, notamment sur les mots ⟨hiéroglyphes⟩ et ⟨hiéroglyphes⟩. Chabas répondit en envoyant le premier volume de ses *Mélanges ;* son disciple lui exprima en ces termes son admiration :

Mon dimanche n'aurait pas pu être mieux employé qu'avec la lecture de votre intéressant ouvrage, qui a surpassé toutes mes attentes. Je n'ai pas bougé de chez moi, jusqu'à ce que je l'eusse dévoré entièrement ; mais ce matin j'en ai commencé l'analyse régulière[3]... Je travaille soir et matin après vos *Mélanges*, qui sont vraiment d'une importance extraordinaire pour l'étude des hiéroglyphes[4].

1. Lettre de M. de Horrack à Chabas, du 10 février 1862.
2. Lettre de M. de Horrack à Chabas, du 14 février 1862.
3 et 4. Lettres du 12 et du 11 mars 1862.

En même temps, il soumettait à Chabas un petit travail philologique sur ⳡ et ⳡⳡⳡⳡ du papyrus d'Orbiney, comparé au copte ⲉⲃ *operarius, artifex*, et sur ⊙ comparé à ⲁⲣ, ⳡ, ⳡⳡ ; Chabas envoya son appréciation sur ce travail, dans une lettre du 16 mars 1862. Le lendemain 17 mars, M. d Horrack connaissait le jugement d'E. de Rougé sur son mémoire de l'hypocéphale, et écrivait le même jour à Chabas :

Je viens de chez M. de Rougé, qui m'avait écrit de passer chez lui au sujet de mon petit article. Il l'a trouvé intéressant et utile à publier ; mais il pense qu'il faut considérablement développer le commencement, en répétant ce qui a été dit relativement à la religion des anciens Égyptiens, etc., le public de la Revue[1] n'étant pas au fait de ces détails. Il a ajouté des notes au crayon à plusieurs endroits qui semblaient exiger quelque éclaircissement, en me donnant en même temps des explications verbales sur l'UT'A, qui, suivant lui, joue un rôle important dans les textes religieux, et qu'il va traiter dans sa prochaine (?) publication du chapitre 64 du Rituel. A mon observation d'attendre son article, il m'a répondu : « N'attendez pas ; car j'ai à revoir plusieurs passages de ma traduction ; mais le temps me manque. » M. de Rougé m'a aussi engagé d'expliquer la chaleur ⳡⳡⳡ en me référant à son étude sur la stèle de la Bibliothèque impériale. Le paragraphe des Sesennu a été approuvé complètement, ainsi que votre observation au sujet du singe dans la chape, qui est bien le Kafi du papyrus Harris. Par contre, M. de Rougé n'admet pas la traduction « objet sacré » pour ⳡⳡ, mot qui signifie « occiput » d'après lui ; il pense aussi que le mot ⳡⳡ, quoique convenablement traduit ici par « prendre soin », a une autre signification, et est un des mots les plus difficiles de la langue égyptienne. Je vais donc refaire mon article, en développant davantage.

Le mémoire, retouché et augmenté, fut de nouveau sou-

_____

1. La *Revue archéologique*.

mis à l'appréciation de Chabas, qui proposa les dernières
retouches[1] ; la conscience de l'auteur pouvait être enfin sa-
tisfaite[2]. On sait que l'étude sur l'hypocéphale parut dans
la *Revue archéologique,* au mois de septembre 1862. Peu
de jours auparavant, M. de Horrack avait fait à Paris la
connaissance de Brugsch ; il écrivait à Chabas, le 10 août 1862 :

J'ai bien reçu votre intéressant mémoire sur les Inscriptions des
Mines d'or[3], dont je vous remercie infiniment. Votre traduction
me parait excellente, et vos notes contiennent des données cu-
rieuses ; la rectification de la traduction des mots ⟦hiéroglyphes⟧ et
⟦hiéroglyphes⟧ est très importante... Je suis allé voir [M. Devéria] il y
a quelques jours, au Musée du Louvre, où j'ai eu le plaisir de
faire la connaissance de M. Brugsch, qui m'a fait l'impression d'un
bon et charmant garçon...

J'ai reçu avant-hier la feuille d'épreuve de ma « Note sur un
hypocéphale », que j'ai corrigée et renvoyée à la Revue... La
santé de notre ami[4] va très bien ; sa famille demeure à Fontaine-
bleau, où il passe aussi quatre jours de la semaine, du jeudi au
lundi, en travaillant après le *Rituel hiératique* de M. de Rougé...

1. Lettres de M. de Horrack à Chabas, du 5 et du 9 avril 1862. Dans ses
lettres du 25 mars et du 9 avril, M. de Horrack offrait à Chabas de
transcrire autographiquement le texte du papyrus Anastasi I, pour la
publication du *Voyage d'un Égyptien.*

2. Cependant des lettres du 11 et du 16 avril 1862 nous montrent
qu'il soumit encore à Chabas une dernière retouche ; une lettre du 30
juin, datée de Bade où il était allé prendre quelques jours de repos,
demande quelques renseignements pratiques pour la publication.

3. M. de Horrack était allé au Louvre, en mai 1862, comparer la copie
de la stèle de Kouban, dont se servait Chabas, au moulage de cette stèle
exécuté par Prisse (lettre du 19 mai 1862). Il s'occupa aussi des correc-
tions à apporter à la lithographie de la stèle (lettre du 20 août 1862).

4. Devéria. Celui-ci, qui avait passé en Égypte auprès de Mariette
l'hiver de 1861-1862, avait été fort souffrant après son retour en France
(lettre de M. de Horrack à Chabas, du 19 mai 1862) ; mais l'été avait
mis fin à cette crise.

Devéria écrivait lui-même à Chabas, le mois suivant[1], pour louer le mémoire sur l'hypocéphale. Un peu plus tard, ce fut Brugsch, qui, pressé par M. de Horrack d'entrer en correspondance avec Chabas, se décida à écrire le 30 octobre 1862. M. de Horrack l'annonçait par une lettre du 2 novembre :

> En même temps que votre aimable lettre d'hier, je viens d'en recevoir une de M. Brugsch, renfermant l'incluse que je m'empresse de vous expédier de suite ; M. Brugsch sera enchanté d'entrer en correspondance avec vous...

Et, dans sa réponse à Brugsch, le 8 novembre 1862, Chabas écrivait :

> Je suis extrêmement reconnaissant à mon ami M. de Horrack d'avoir contribué à me mettre en relations avec vous ; parmi les innombrables services que sa présence à Paris l'a mis à même de me rendre, voici à coup sûr le plus signalé...

La première lettre de Brugsch à Chabas contenait des observations lexicographiques sur les *Mélanges*[1] ; dans sa lettre du 2 novembre, M. de Horrack faisait aussi une observation sur le mot ⟨hiéroglyphes⟩ :

> Voici une preuve assez décisive pour la signification de votre mot ⟨hiéroglyphes⟩[3], que je viens de trouver dans Hérodote. On y lit au chapitre xxx du livre second, la mention suivante : « En continuant à naviguer au-dessus de Méroé, vous atteignez le pays

---

1. Lettre du 9 septembre 1862. Voir *Bibliothèque égyptologique*, t. IX, p. XLII-XLIII.

2. Voir *Bibliothèque égyptologique*, t. IX, p. XLIV, note 1.

3. Ce mot est écrit en hiératique dans la lettre de M. de Horrack. Il publia cette observation sous le titre de « Lettre à M. le Directeur de la *Revue archéologique* à propos d'un mot égyptien signifiant la gauche ».

des transfuges égyptiens, dans un temps égal à celui que vous avez mis à vous rendre d'Éléphantine à la métropole des Éthiopiens. Ces transfuges portent dans leur langue le nom d'*Asmach*, qui, traduit dans la nôtre, signifie : *Ceux qui se trouvent à la* GAUCHE *du roi,* [hiéroglyphes].

Dans cette même lettre du 2 novembre 1862, M. de Horrack reparlait à Chabas d'un projet qu'il lui avait déjà soumis[1], en lui rendant compte d'un article publié par Zündel, dans *Heidelberger Jarbücher*, sur le *Papyrus magique Harris* de Chabas, et sur les résultats fournis par l'étude des hiéroglyphes. Bien que l'article fût particulièrement élogieux pour Chabas, il n'était pas de nature à attirer les étudiants allemands vers l'égyptologie ; et M. de Horrack regrettait pour ceux-ci qu'il n'existât aucun traité qui pût les mettre au courant de l'ensemble des résultats déjà obtenus, et exciter leur curiosité. « J'ai bien pensé, écrivait-il alors, à l'*Introduction to the study of hieroglyphs*, de M. Birch, qui a dû rendre de grands services en Angleterre, et l'idée m'est déjà venue plusieurs fois de la traduire en allemand[1] ; mais il n'est pas possible d'adopter à la lettre l'alphabet incomplet au dernier degré, et les traductions souvent très obscures et incompréhensibles de M. Birch. Quelle est votre idée à ce sujet ? » Et, dans sa lettre du 2 novembre, M. de Horrack ajoutait :

Avant de demander l'autorisation de M. Birch pour la traduction de son Introduction, je ferai un essai pour voir si la tâche n'est pas au-dessus de mes forces. Le tableau des signes hiéroglyphiques donné par M. Birch est bien incomplet ; il en est de même

1. Lettre du 20 octobre 1862.
2. Chabas avait publié une traduction en français du même traité dans la *Revue archéologique*, 1857 (voir *Bibliothèque égyptologique*, t. IX, p. XVI) ; M. de Horrack ne donna pas suite à son projet de traduction en allemand.

de la partie grammaticale; mais où me mènera l'étendue qu'il faudra nécessairement donner à ce petit traité?

Une lettre du 26 novembre 1862 montre aussi que M. de Horrack venait alors de donner à la *Revue archéologique* son article sur un mot égyptien signifiant « la gauche »; il annonçait à Chabas que l'article paraîtrait probablement en décembre, l'épreuve étant déjà corrigée. En même temps, il racontait une visite qu'il avait faite au Louvre à Devéria. Il avait été surtout question, dans leur conversation, des prochaines publications de Mariette, et de ses récentes découvertes; on sait que Devéria venait de passer en Égypte l'hiver de 1861-1862. M. de Horrack devait aussi chercher au Louvre des exemples du mot 𓏏 pour le compte de Chabas; celui-ci préparait alors son mémoire : *Recherches sur le nom de Thèbes*, qui parut à la fin du mois d'avril 1863. Le 18 décembre 1862, M. de Horrack lui rendait compte d'une nouvelle visite faite la veille au Louvre, pour la même recherche. Il avait rencontré, dans le cabinet de Devéria, M. Valdemar Schmidt, qui se disposait à partir pour l'Italie, et avait discuté avec lui[1] sur la valeur du mot 𓅱𓅓, pour lequel il hésitait à admettre le sens « nouveau, renouveler », proposé par Brugsch. Chabas se déclara en faveur de Brugsch, mais eut quelque peine à faire entendre raison à son disciple, qui lui répondait encore le 30 décembre 1862 :

Vous avez affaire à une tête des plus carrées, et je vous prie de vouloir m'excuser si je vous dis que votre aimable explication de 𓅱𓅓 ne m'a pas convaincu. Le sens *terminare, finire, vitam deponere*, s'adapte parfaitement aux phrases que vous citez pour justifier le sens « nouveau »...

1. Il discutait aussi, en finissant cette lettre, des transcriptions de signes hiératiques.

J'irai voir M. Devéria pour lui remettre vos empreintes arabes...
Le cours de M. de Rougé ouvrira au commencement du mois prochain; j'assisterai aux premières leçons, afin de savoir au juste
où l'on en est, dans la grammaire et dans le papyrus des Deux
Frères...

Il écrivait, le 14 janvier 1863 :

... Le cours de M. de Rougé est ouvert depuis le 7 de ce mois.
M. de Rougé expliquera, le mercredi, les monuments qui se rapportent au règne de Ramsès II, ses conquêtes en Syrie, la race et
le caractère du peuple de Cheth, etc., en commençant par la stèle
des Mineurs d'or, et en passant en revue l'inscription d'Ibsamboul,
le papyrus Sallier III, le traité de paix avec les Chétas, etc. Le
vendredi, il continuera d'analyser le papyrus des Deux Frères, à
partir de la page 7, ligne 6. M. de Rougé a donc commencé par le
premier monument du règne de Ramsès II, la stèle des Mineurs,
en prenant pour base votre copie, et en critiquant votre traduction
ainsi que celle de M. Brugsch. Il a déclaré la vôtre la meilleure,
mais il a singulièrement appuyé sur un « tort considérable » qu'il
vous reproche, c'est de ne pas avoir dit un mot du travail de
M. Brugsch[1]. Voici quelques détails qui vous intéresseront peut-
être :

[hiéroglyphes]. Le sens « trempe » n'est pas admissible; c'est
plutôt *couleurs* (d'après Brugsch), ou mieux encore *forme* (de R.).

[hiéroglyphes] l'ensemble des dieux adorés dans un temple.

[hiéroglyphes] « méprisable, vil », non pas « défaillant ».

[hiéroglyphes]. Ce mot est *un verbe déterminé* par l'animal
représentant Set; il n'a rien à faire avec le « griffon », mais veut
dire *bouleverser, détruire, massacrer*, ou quelque chose de semblable, l'animal déterminant les *actions violentes*.

---

1. Voir, sur l'incident auquel cette observation donna lieu, notre *Notice
biographique de F.-J. Chabas*, dans la *Bibliothèque égyptologique*,
t. IX, p. XLVI-XLVII.

[hiéroglyphes] est un substantif[1]; le premier signe a été confondu avec [hiéroglyphe]. Il doit exprimer l'état de l'âme des personnes qui se trouvent dans certains dangers. Il est très rare; mais voici un exemple tiré de Lepsius, *Denkm.*, III, 195 :

Le roi massacra ses ennemis [hiéroglyphes] [hiéroglyphes] *comme le vent qui brise ou secoue les... effrayés (?) sur la mer.* [hiéroglyphes] est le copte ⲧⲏⲧ, [hiéroglyphes] le copte ⲛⲟⲉ; la prononciation du signe [hiéroglyphe] n'est pas connue.

L'explication des mots ci-dessus a rempli la séance de ce matin.

Quant au papyrus d'Orbiney, M. de Rougé a commencé par la ligne 6 de la planche 7 : [hiéroglyphes], et il est arrivé au mot [hiéroglyphes] de la ligne suivante. Rien de nouveau. Différences dans la prononciation de [hiéroglyphes]; écrit [hiéroglyphes] = *ma*; [hiéroglyphes] = *ta*. Le mot *amamu* de ci-dessus = le copte ⲉⲙⲉ, le mot *nui* le copte ⲛⲁⲧⲓ, lance, javelot. En allant de ce pas, M. de Rougé n'arrivera pas à la fin de la page 8 dans ce semestre.

Vous avez probablement connaissance des publications suivantes, qui viennent de paraître simultanément, savoir :

1° Bak-en-Chonsou, de M. Devéria. L'explication du mot [hiéroglyphes] *proclamer* me semble juste, et je crois que la phrase de Sallier I, citée dans vos *Mélanges*, doit être traduite : *Ils proclamèrent d'une seule bouche qu'ils ne savaient pas,* etc.

2° Deuxième partie du *Recueil* de Brugsch, qui contient entre autres le fac-similé du Papyrus médical, ainsi que les inscriptions du temple de Qournah, traduites par M. Devéria, p. 20 de son Bak-en-Chonsu. Il est intéressant de comparer entre elles copies

---

1. Voir dans le *Recueil de Travaux relatifs à la philologie et à l'archéologie égyptiennes et assyriennes*, volume X, p. 64-66, une note sur le signe [hiéroglyphe] ou [hiéroglyphe], par M. Guieysse.

et traductions. Le fameux mot ⟦hiér.⟧ ' s'y trouve, et M. Brugsch insiste plus que jamais que le sens de ce mot est *nouveau*, mais sans rien prouver. Je préfère infiniment la traduction de M. Devéria, mais pour la première inscription seulement; les autres ont été mieux interprétées par M. Brugsch.

3° *Note on some negative particles*, par M. Le Page Renouf. C'est un égyptologue de premier rang, à en juger d'après ce petit mémoire, que j'ai trouvé fort intéressant. Il dit, page 2 : « I have elsewhere explained the relationship between the forms ⟦hiér.⟧ and ⟦hiér.⟧, which are never interchangeable. » Savez-vous ce que c'est que cet « elsewhere »? Je voudrais bien en faire l'acquisition.

4° Article de M. Baillet, dans la Revue. Je viens de faire la connaissance de l'auteur, un jeune homme qui suit le cours de M. de Rougé depuis fort longtemps...

M. Auguste Baillet ne tarda pas d'ailleurs à se présenter lui-même à Chabas [1], en lui offrant des tirages à part de ses articles.

Dans des lettres du 21 et du 31 janvier 1863, M. de Horrack continua à transmettre à Chabas le compte rendu des cours d'E. de Rougé. Mais, le 13 février, il lui annonçait qu'il était sur le point de se rendre en Allemagne pour six semaines ou deux mois. Il allait d'abord à Francfort-sur-le-Mein [2], mais il comptait aussi passer à Munich pour vérifier le texte de l'inscription de Bak-en-Chonsu, étudiée par Devéria. De retour à Paris [3], il écrivit à Chabas, le 15 avril 1863 :

Je suis de retour à Paris depuis quelques jours, très content de mon voyage; je regrette seulement de n'avoir pu passer par Berlin pour causer avec M. Brugsch; mais, en revanche, j'ai eu le

1. Voir p. 24.
2. Il lui écrivit le 5 février 1863.
3. 9, Schœne Aussicht.
4. 61, rue Taitbout.

plaisir de faire la connaissance du professeur Lauth, de Munich,
que j'ai rencontré par hasard devant la statue de Bakenkhons.
C'est à cause de lui que j'ai prolongé mon séjour à Munich, où je
suis resté dix jours. M. Lauth est un excellent homme, d'une rare
modestie, fort simple dans ses manières, mais profondément versé
dans les langues orientales. Il enseigne le latin et le grec, s'occupe
beaucoup de philologie comparée, du sanscrit, des langues indo-
européennes, de l'hébreu et du copte, et a attaqué les hiéroglyphes
avec succès. Il y est bien plus fort que je ne pensais, et plusieurs
remarques intéressantes communiquées à M. Devéria par M. Wal-
demar Schmidt proviennent de lui. Malheureusement ses moyens
ne lui permettent pas de faire l'acquisition des ouvrages nécessaires
à l'étude. Ce que j'ai vu chez lui, comme le Papyrus magique
Harris, Recueil de Brugsch, Todtenbuch, etc., appartient à la
Bibliothèque de Munich ; c'est là que M. Lauth fait ses études, et
qu'il lit la Revue archéologique, qui le tient un peu au courant des
dernières productions égyptologiques. Mais la Bibliothèque ne
possède que les Denkmäler, l'ouvrage de Leemans, le Papyrus
Prisse, etc.; les Select Papyri, d'Orbiney, les ouvrages et surtout
les textes publiés en France y manquent. Ainsi M. Lauth ne connaît
pas encore vos « Mélanges », quoiqu'il ait bien lu la critique de
M. Birch. Il pense que l'objection de M. Birch, au sujet de l'or-
thographie philologique du nom des Hébreux, est mal fondée. J'ai
profité de cette occasion pour demander à M. Lauth son opinion
sur le système de transcription de MM. de Rougé, Devéria et
Brugsch. Il l'approuve non seulement comme système de conven-
tion, mais aussi du point de vue philologique ; voici, à peu de
chose près, son explication : Le *ghimmel* peut avoir existé dans
les temps de l'ancien empire égyptien, mais avoir été perdu dans
le courant des siècles, comme le sifflement du *th* θ, pris du grec
par le gothique ; il n'existe plus dans la langue allemande, mais
s'est conservé dans la langue anglaise. Le *qhoph* hébreu et le △
sont identiques ; l'un et l'autre ont dû sonner comme *ng* ou *nk* (la
preuve : la transcription du nom de [hiéroglyphes] par Sisak ; le
mot [hiéroglyphes], en démotique *hanq*; le mot [hiéroglyphes] dans les langues
indo-européennes = *hunger*. Le *x* a été employé par M. Lauth,
dans son ouvrage sur l'alphabet publié en 1855, pour rendre la

gutturale χi; le son du *x* latin a été dans l'origine χ, lequel se liait fréquemment avec l'*s*, de manière qu'on mettait finalement, au lieu de χs (par exemple dans Seχstus), *x* avec la valeur de *ks*; cette contraction a été causée par la disparition graduelle du son χi de la langue latine.

Enfin le ⌐ et le *zade* sont iden·iques et peuvent très bien être transcrits par *z*; il en est autrement de ◊, qui ne change pas avec ⌐ et doit être transcrit différemment.

Je ne vous garantis pas que j'aie bien rendu les paroles de M. Lauth, quoique je les aie notées presque immédiatement. Dans ce moment-ci, je prépare pour M. Lauth un envoi de publications égyptologiques; je lui ai destiné tous mes doubles. Si, de votre côté, vous pouvez disposer de quelques exemplaires de vos derniers mémoires, je vous serais obligé si vous vouliez me les envoyer, pour les joindre à mon envoi. M. Devéria m'a promis toutes ses publications, et je ferai la même demande à M. de Rougé. Le professeur de Munich pourra rendre des services très notables à la science, laquelle a bien besoin d'être propagée dans le Midi de l'Allemagne. Il a été un peu maltraité par MM. de Rougé et Devéria; un article sur les Hyksos, envoyé par lui au premier, a été passé sous silence. Malgré tout cela, le digne professeur n'en veut pas à ces messieurs.

Je vous envoie par ce courrier le *Moniteur* d'aujourd'hui, qui contient votre éloge... J'espère que le monde égyptien aura bientôt de vos nouvelles...

Chabas donna de ses nouvelles à son ami en lui envoyant ses *Recherches sur le nom de Thèbes;* un autre exemplaire était destiné à Lauth. Nous avons dit ailleurs[1] que, parmi des observations de grande valeur, ce mémoire présentait une hypothèse qui n'a pas prévalu dans la science; M. de Horrack, dans sa lettre du 23 avril 1863, fit judicieusement quelques réserves au sujet de cette hypothèse :

Votre mémoire est des plus intéressants, et je vois que vous

---

1. Voir *Bibliothèque égyptologique*, t. IX, p. xlvi.

avez dû passer bien des heures sur les Denkmäler. La lecture de
ab ou *ob* pour le signe │ a cependant besoin d'être confirmée par
des variantes plus concluantes. Je vous demande encore pardon
de vous exprimer mon opinion d'écolier. Pour la lecture *ius* pour
le signe en question, j'avais noté dans mon dictionnaire une variante intéressante ; la voici :

Sallier II, 13/7 :

Anastasi VII, 10/4 :

M. Lauth a rapproché le mot ⸻ = *usr* du copte
ϥⲁϣⲟⲡ, *vulpes*. Il y a du bon là-dedans.

M. de Horrack ajoutait qu'il avait été un peu ému de la
vivacité des observations que l'avertissement préliminaire
du mémoire de Chabas contenait à l'adresse d'E. de Rougé.
On sait qu'à son cours du Collège de France, celui-ci, tout
en louant le travail de Chabas sur la stèle des Mineurs d'or,
avait critiqué l'auteur de n'avoir pas dit un mot de la traduction antérieure de Brugsch. Chabas, qui n'avait pas
connu ce travail antérieur de Brugsch, s'était cru cependant
accusé de plagiat, ce qui fait comprendre la vivacité de sa
réplique[1]. Mais M. de Horrack était fort ennuyé de ce conflit
entre ses deux maîtres, et se reprochait d'en avoir inno-
cemment été la cause, en envoyant à Chabas[2] un compte
rendu trop fidèle de la leçon d'E. de Rougé. Il s'appliqua
donc à faire comprendre à Chabas que l'intention d'E. de
Rougé n'avait pas été de l'accuser d'avoir plagié, mais simplement d'avoir ignoré le travail de Brugsch, et s'efforça, de
concert avec Devéria, de rétablir l'entente entre les deux

1. Ces citations sont en écriture hiératique dans la lettre de M. de
Horrack.
2. Sur cet incident, voir *Bibliothèque égyptologique*, t. IX, p. XLVI-
XLVII.
3. Dans sa lettre du 14 janvier 1863.

savants. Sa lettre à Chabas, du 19 mai 1863, exprime le soulagement qu'il éprouva lorsqu'il vit qu'E. de Rougé ne voulait répondre à Chabas qu'en lui rendant justice :

Je n'ai pas encore eu le temps de faire le compte rendu du cours de M. de Rougé, que je vous avais promis pour la semaine dernière... Il vous intéressera d'autant plus qu'il s'agit encore d'une de vos traductions, celle de l'inscription d'Ibsamboul. A l'occasion de l'analyse du groupe ⌢, M. de Rougé a fait l'éloge de votre dernier mémoire. sans faire la moindre allusion à la préface [1]. Il a confirmé les valeurs *zam* et *ues* pour le signe ⌢, en continuant ainsi : « Dans un travail très intéressant qu'on vient de m'envoyer, M. Chabas a signalé une nouvelle valeur du signe ⌢, celle du *uab*. »

M. Devéria doit vous avoir écrit [2] au sujet des sentiments de M. de Rougé envers vous, et M. de R... doit savoir que je suis l'auteur de cette affaire malencontreuse...

Le 5 juin 1863, M. de Horrack envoyait à Chabas le compte rendu des leçons d'E. de Rougé, promis par ses lettres antérieures; c'étaient des traductions analytiques de la première partie du texte du Ramesséum, relatif à la bataille de Kadesh, et d'une partie de la page 11 du papyrus d'Orbiney. E. de Rougé annonçait qu'il partirait pour l'Égypte au mois de septembre 1863. Quant à M. de Horrack, il s'installait à Ville-d'Avray pour trois mois, et trouvait

---

1. Dans une lettre à Chabas, du 2 juillet 1863, M. de Horrack parle de l'explication de M. de Rougé qui termina définitivement l'incident : « Notre ami (Devéria) m'a communiqué en même temps qu'à l'occasion » de la clôture de son cours (le 26 juin), M. de Rougé a fait une réponse » à la préface de votre mémoire sur le nom de Thèbes; qu'il s'est » exprimé en termes très convenables. en rendant justice à votre mérite. » il a dit qu'il n'a jamais douté de votre bonne foi au sujet de la traduc- » tion de Brugsch, qu'il regrette votre imputation qui n'est pas fondée, » et qu'il n'y répondra pas par la publicité. »

2. Lettre de Devéria à Chabas, du 1ᵉʳ mai 1863.

dans ce déplacement une occasion de se remettre aux études
coptes, en laissant momentanément les hiéroglyphes :

Mon dictionnaire [1], fort de dix gros volumes in-4°, ne peut pas
être transporté à la campagne, et vous savez bien qu'on ne peut
pas étudier de textes sans l'avoir continuellement sous la main.
Mais, en revanche, j'ai emporté mes livres coptes pour consacrer
mes heures de loisir à l'étude de cette langue, que j'ai beaucoup
négligée pendant ces dernières années [2]...

Cependant Chabas lui fournit l'occasion de ne pas abandonner entièrement, pendant ces trois mois, l'étude des
hiéroglyphes, en lui communiquant sa propre interprétation
analytique des passages du papyrus d'Orbiney, étudiés par
E. de Rougé, et en l'invitant à comparer les deux versions [3].
Il lui communiqua aussi des observations qu'il adressait à
Lauth, afin que l'un et l'autre en pussent profiter [4]. Il travaillait alors lui-même à son mémoire sur les *Papyrus hiératiques de Berlin*, et se préoccupait de l'identification de
la ville de [hiéroglyphes], assimilée à tort par Brugsch à l'oasis
d'Ammon [5]. Chabas, à qui l'étude du papyrus n° 2 avait
inspiré quelques doutes au sujet de l'exactitude de cette

1. Lettre de M. de Horrack à Chabas, du 16 juin 1863.
2. Il venait d'acheter pour 47 fr. le Pentateuque copte, *Quinque libri
Moysis prophetæ in linguâ ægyptiâ*, etc., édité par David Wilkins.
3. Lettres de M. de Horrack à Chabas, du 16 juin et du 18 juillet 1863.
4. M. de Horrack répondit à Chabas le 2 juillet 1863 : « J'ai reçu
votre intéressante lettre, et je vous remercie d'avoir fait passer par
mes mains vos observations au sujet de l'opuscule de M. Lauth ; je les
lui communiquerai fidèlement. C'est en effet un excellent homme, mais
trop savant, comme vous le dites fort bien ; il s'appuie beaucoup trop
sur le copte et le démotique, et les hypothèses abondent dans ses deux
mémoires. Lorsque j'étais à Munich, je lui avais expliqué votre méthode,
qu'il trouvait excellente ; mais il prétendait ne pas avoir le temps de la
suivre, et il pensait arriver au même résultat par un autre chemin,
celui de la philologie comparée. »
5. Voir *Bibliothèque égyptologique*, t. IX, p. L-LI.

identification, cherchait à se renseigner de tous côtés sur l'oasis d'Ammon. Tandis qu'il consultait Cailliaud et l'explorateur Trémaux, M. de Horrack étudia pour lui le voyage de Minutoli à l'oasis, et lui envoya un résumé de cette relation, en lui faisant observer que ce document ne lui serait d'aucune utilité pour ce qui concernait ⸗. Il revint lui-même à ses études hiéroglyphiques plus tôt qu'il ne l'avait annoncé, en commençant son travail sur « le nom égyptien du cèdre », dont il parla à Chabas dans une lettre du 27 août 1863 ; il est vrai que, dans la même lettre, il étudiait aussi des mots coptes :

En lisant dans l'Ancien Testament copte, j'ai trouvé au verbe (⸗) ⲛⲁⲧ la signification « prendre soin », qui n'est pas indiquée dans les dictionnaires coptes, Genesis, xxii/7, Isaac demande à Abraham : *Ubi est ovis ad offerendum in holocaustum?* et Abraham répond : ⲉⲣⲉϥϯ ⲛⲁⲧ ⲉⲟⲧⲉⲥⲱⲟⲩ ⲛⲁϥ ⲉⲛⲓⲟⲗⲓⲗ Providebit *Deus ovem sibi in holocaustum*. Il faudrait voir le texte grec, que je ne possède pas encore, qui confirmera probablement la traduction copte...

Notre ami de Munich[1] croit avoir découvert le fameux Χαρων dans vos convoyeurs ⸗[2], et vous aura probablement fait part de sa petite découverte...

L'étude du mémoire de Chabas : *Observations sur le chapitre VI du Rituel égyptien,* amena encore M. de Horrack à présenter la remarque suivante, au sujet du ⸗ et du ⸗ :

En parcourant, hier[4], les galeries du Louvre, j'ai remarqué le

1. Lettres de M. de Horrack à Chabas, du 18 juillet et du 5 août 1863.
2. Lauth.
3. Dans les *Inscriptions des mines d'or*.
4. Lettre du 7 septembre 1863 ; dans cette lettre, M. de Horrack discutait aussi un passage du texte de l'obélisque de Latran relatif à la barque de cèdre.

cartouche de ⟦hiéroglyphes⟧ sur une des petites figurines à l'orthographe ⟦hiéroglyphes⟧; la variante ⟦hiéroglyphes⟧ me semble très curieuse, car on ne connait que fort peu de cas où ⟦hiéroglyphe⟧ s'échange avec ⟦hiéroglyphe⟧, et encore ils appartiennent à la basse époque. Le signe ⟦hiéroglyphe⟧ manque dans les papyrus hiératiques (comme Anastasi I), qui contiennent des transcriptions de noms sémitiques, dans lesquelles se trouve le *sch*; j'ai remarqué cette circonstance en faisant mon répertoire géographique.

Une lettre du 9 septembre 1863 parlait aussi d'une visite au Musée du Louvre; mais, cette fois, il s'agissait d'examiner des ⟦hiéroglyphes⟧, pour l'étude du texte de l'obélisque de Latran, utilisé dans le mémoire sur le nom égyptien du cèdre. Une autre lettre (du 20 septembre) annonçait l'envoi d'une première rédaction de ce mémoire, soumise à l'appréciation de Chabas, et consultait celui-ci sur un petit problème historique. Le 11 octobre, M. de Horrack écrivait comment une observation de Devéria l'avait décidé à abandonner sa première traduction de ⟦hiéroglyphes⟧ *sur le fleuve* et à traduire : *pour le commencement de l'inondation;* il se demandait même et demandait à Chabas si ⟦hiéroglyphe⟧ devait jamais se traduire *sur*, et si ⟦hiéroglyphe⟧ ne pouvait pas signifier autre chose que *sur terre*. Pour ⟦hiéroglyphes⟧, il persistait à préférer le sens *parfait* au sens *nouveau*[1]. Enfin, l'article était remis à la *Revue archéologique;* il parut au mois de janvier 1864.

Un autre article de critique était composé pour la même revue, et destiné à paraître dans le numéro de mars; M. de Horrack l'annonçait ainsi à Chabas :

______

1. Lettre du 6 novembre 1863. En même temps, M. de Horrack remerciait Chabas de l'envoi de son mémoire sur les *Papyrus hiératiques de Berlin*.

M. Devéria[1] a tellement insisté que je fasse pour la Revue un compte rendu sur le journal de Brugsch et sur deux ouvrages de M. Lieblein et de M. F. de Saulcy, concernant la chronologie égyptienne, que je me suis décidé à fabriquer tant bien que mal un article qui est dans ce moment entre les mains de M. Devéria, pour recevoir une tournure plus scientifique, et surtout plus française. J'avais bien prévenu notre ami de mon ignorance complète en matière de chronologie égyptienne, mais il parait qu'il lui fallait un article de n'importe qui...

Le compte rendu sur le journal de Brugsch parut dans la *Revue archéologique* du mois de mars. M. de Horrack l'annonçait à Chabas dans une lettre[2] du 8 mars 1864, et ajoutait :

Quant aux deux autres, sur les brochures de M. Lieblein et de M. de Saulcy, ils paraîtront au mois prochain, signés aux initiales de M. Devéria, qui désire être agréable à la famille de Saulcy[3].

Que dites-vous de l'article de M. Brugsch sur ☥ ? Il me semble que le docteur de Berlin s'est mis dans la tête de vouloir abîmer tout le monde. Je crois qu'il a un peu trop maltraité M. de Rougé, le dernier ami qui lui restait en France. Certainement les erreurs doivent être rectifiées; mais il est inutile d'y appuyer, comme le fait M. Brugsch. Si l'on voulait s'y mettre d'énumérer les siennes, on pourrait bien remplir un petit volume...

---

1. Lettre de M. de Horrack à Chabas, du 26 janvier 1864. Dans cette lettre, M. de Horrack communiquait à Chabas un premier spécimen des résultats de ses essais pour graver sur bois des groupes hiéroglyphiques. Un autre spécimen, déjà plus parfait, fut envoyé dans une lettre du 5 février 1864 (voir *Bibliothèque égyptologique*, t. IX, p. LV).

2. Dans cette lettre, M. de Horrack racontait aussi à Chabas le succès de sa démarche auprès de Devéria, pour le décider à achever son travail sur le papyrus judiciaire de Turin (voir *Bibliothèque égyptologique*, t. IX, p. LV-LVI).

3. Finalement ces articles parurent signés de M. de Horrack, Devéria s'étant sans doute ravisé.

Cependant, Brugsch vint à Paris. au mois de mai 1864,
voir E. de Rougé, de retour de sa mission en Égypte[1].
M. de Horrack, en annonçant cette arrivée à Chabas[2], lui
annonçait aussi qu'il partait lui-même pour Kissingen. Il
était rentré à Paris le 3 juillet; il y continua à chercher un
procédé pour la publication du *Voyage d'un Égyptien*, jusqu'au jour[3] où il apprit que Lepsius laissait espérer à Chabas la cession d'une fonte des types de Berlin. Il trouva
l'occasion d'un travail plus intéressant[4] dans l'étude des
tables récemment publiées d'Abydos et de Saqqarah, qu'il
compara au canon de Turin; mais il écrivit à Chabas[5] qu'il
n'avait pas l'intention de publier son travail, Devéria ayant
composé un mémoire sur le même sujet. Devéria devait repartir pour l'Égypte le 17 décembre 1864. Quant à M. de
Horrack, c'est pour Berlin qu'il partait au commencement
de l'année 1865[6]. Sa lettre à Chabas, du 3 janvier 1865,
montre qu'il pensait déjà au papyrus des Lamentations
d'Isis et de Nephthys :

Quoiqu'il me soit très facile d'être introduit auprès de M. Lepsius, je vous serais bien obligé si vous vouliez me faire parvenir
quelques lignes d'introduction pour le Docteur... Je profiterai de
l'occasion pour lui demander la permission de prendre un calque
de l'intéressant papyrus de Naina (?), que je tâcherai de traduire
et de publier, pourvu que ce travail ne soit pas au-dessus de mes
forces...

1. Lettre de M. de Horrack à Chabas, du 22 avril 1864.
2. Lettre du 18 mai 1864.
3. Le 14 septembre 1864.
4. Lettre du 22 novembre 1864. Peu de jours auparavant, M. de
Horrack avait quitté son appartement de la rue Taitbout, n° 61, pour
aller demeurer rue de Calais, n° 24 (lettre à Chabas, du 10 novembre
1864).
5. 13 décembre 1864.
6. Son beau-frère Louis Tolhausen était alors chancelier de l'ambassade
de France à Berlin.

Chabas envoya la lettre d'introduction demandée, et, le
24 janvier 1865, M. de Horrack lui écrivait de Berlin comment il avait été accueilli :

J'ai remis à M. Lepsius la lettre que vous avez eu la bonté de
m'envoyer. Il m'a très bien reçu, et grâce à ses soins je suis installé dans une belle chambre du Musée égyptien, où je travaille
avec acharnement depuis 10 heures du matin jusqu'à 3 heures de
l'après-midi. Le papyrus hiératique que je suis en train de calquer est celui de Nennai; il est bien plus curieux que je ne pensais, et je m'étonne qu'il n'ait pas encore été publié.

J'ai causé avec M. Lepsius au sujet de vos types; il m'a avoué
que la fonte avançait bien plus lentement qu'il n'avait espéré. Sur
sa demande où vous en étiez avec votre travail sur Anastasi I, je
lui ai répondu que vous l'aviez terminé, et que vous n'attendiez
que les types pour commencer l'impression[1]... J'ai aussi fait la
connaissance de M. Passalacqua, directeur en chef du Musée.
C'est un excellent homme, affable et aimable; malheureusement
il est vieux et presque aveugle; il m'a donné d'intéressants renseignements sur le papyrus de Nennai, découvert par lui-même dans
l'intérieur d'une statue d'Osiris en bois...

Une autre lettre que M. de Horrack écrivit à Chabas
après son retour à Paris, le 16 février 1865, donne encore
quelques détails intéressants sur Lepsius et Passalacqua :

... Ainsi que je vous l'ai écrit de Berlin, M. Lepsius m'avait obtenu l'autorisation, pour calquer à travers le verre le papyrus en
question. A cet effet, on avait décroché du mur le cadre immense
(16 pieds de long) qui contenait le manuscrit. Mais, en posant mon
papier végétal sur le verre, je trouvai qu'il était impossible de calquer sans retirer le papyrus, qui était collé dedans. Je m'adressai
donc au gardien, pour faire demander au secrétariat (où M. L...
m'avait présenté) la permission de retirer le papyrus du cadre.
Elle fut accordée immédiatement, et je commençai à calquer.

---

1. Chabas les reçut au mois de mars 1865.

Arrive M. Passalacqua, qui s'étonne qu'on a osé enlever son papyrus, et qui me fait entendre très clairement que c'était à lui, *Directeur du Musée égyptien*, qu'il en fallait demander la permission. Je m'excuse de mon mieux ; il vient me trouver chaque jour dans la salle d'étude, et nous devenons de très bons amis. Huit jours s'étaient passés de cette façon, lorsque M. Lepsius eut besoin de la salle pour son cours égyptologique. Il y pénètre pendant mon absence, voit le papyrus à découvert, flanque un savon au gardien pour l'avoir retiré *sans* SA *permission*, et me rend une visite le lendemain chez mon beau-frère, pour m'inviter... à dîner chez lui. Je ne l'avais pas vu depuis que je fus installé dans la salle d'étude, quoiqu'il fût venu plusieurs fois au Musée. Le gardien lui avait dit que « ce Monsieur » causait beaucoup avec M. Passalacqua. J'appris alors l'extrême jalousie qui règne parmi les égyptologues à Berlin, où M. Lepsius veut dominer d'autorité, en ne souffrant pas de rival, et en écrasant tous ceux qui pourraient lui faire ombrage. Ceci est littéralement vrai, et je vous raconterai un jour comment il s'est conduit vis-à-vis de M. Brugsch.

Mais il faut prendre les hommes tels qu'ils sont. J'ai passé un dimanche bien agréable dans la famille du professeur, qui est un homme charmant dans son intérieur ; il a une femme très aimable et une nombreuse famille (6 enfants si j'ai bien compté). Son Dictionnaire est arrangé d'une manière très incommode. C'est une petite armoire pourvue de nombreux tiroirs ; chaque tiroir subdivisé dans une vingtaine de compartiments ; ces derniers sont classés, non pas d'après l'ordre alphabétique, mais d'après les signes idéographiques. Ce sont ces petits compartiments qui contiennent des cartes de 10 centimètres de long sur 7 de large, sur lesquelles sont notés les groupes hiéroglyphiques et l'endroit où on les trouve. Cette armoire est placée à une certaine distance du bureau du professeur, de manière qu'il doit être continuellement sur les jambes s'il veut faire usage de son Dictionnaire. Pour s'y retrouver, il a une grande table qui contient une liste de tous les signes et qui indique le compartiment où se trouvent les fiches-cartes correspondantes. Je m'abstiens de tout commentaire sur ce système.

M. Lepsius m'a parlé dans les termes les plus flatteurs de vos travaux ; il n'y a que votre nouveau système de transcription qu'il n'approuve pas, et il est certain que tôt ou tard vous serez obligé de l'abandonner. Quant à vos types, je crains qu'ils ne soient pas beaucoup avancés; j'ai cru avoir remarqué qu'il n'aimait pas que je me mêle de cette affaire ; aussi, n'ai-je pas insisté à le tourmenter à ce sujet.

Dans son cour·. M. Lepsius traite des pyramides, etc., en laissant la philologie entièrement de côté.

J'ai appelé son attention sur l'article du *Moniteur*, du 25 janvier, relativement à la table d'Abydos, découverte par M. Dümichen. Cet article, ainsi que le compte rendu de la séance de l'Académie, publié dans le dernier numéro de la Revue, est de la plume de M. Ernest Desjardins. C'est une véritable fanfaronnade, qui contient des inexactitudes et des contradictions. M. Lepsius ne mérite aucun reproche. On pourrait tout au plus reprocher à M. Dümichen de n'avoir pas dit qu'il a copié la table dans la partie du temple d'Abydos récemment déblayée. Quant à « la copie dérobée à Mariette » dont parle M. Desjardins, c'est une absurdité. Si je trouve le numéro en question du *Moniteur*, je vous l'enverrai, car il se pourrait que cet article vous ait échappé. Il vaut la peine d'être lu.

Je regrette beaucoup de n'avoir pu vous soumettre le beau calque que j'ai pris du papyrus de Nainai... Je l'ai traduit complètement avec fort peu de lacunes...

Aussitôt que j'aurai plus de loisir, je profiterai de votre aimable offre pour vous consulter sur plusieurs points de mon travail. J'ai l'intention de lithographier moi-même le papyrus, et de le publier avec traduction et analyse.

Cette lettre[1] montre que M. de Horrack fut un peu l'inspirateur de la campagne entreprise par Chabas pour défendre Lepsius et Dümichen contre les attaques inconsidérées d'Ernest Desjardins. Il n'avait évidemment pas prévu l'extension que Chabas donnerait à cette campagne ; mais il se déclara jusqu'au bout son approbateur. Il en devait résulter quelques discussions avec Devéria, lorsque celui-

1. Ainsi que deux autres lettres du mois de février 1865.

ci revint d'Égypte ; mais ces discussions demeurèrent toujours amicales[1].

D'ailleurs, l'intérêt avec lequel M. de Horrack suivit cette polémique ne le détourna pas de ses travaux. Le principal de ces travaux était alors l'étude de son papyrus des *Lamentations ;* mais il eut aussi à s'acquitter d'une autre tâche, que lui avait attirée sa réputation bien méritée d'écrire admirablement les écritures égyptiennes.

L'abbé Sire, directeur de Saint-Sulpice, voulait offrir au Saint Père le texte du préambule de la Bulle de l'Immaculée-Conception, traduit dans toutes les langues et écrit dans toutes les écritures connues. Il s'était adressé à Chabas pour obtenir une traduction de ce texte en langue égyptienne[2] ; mais, d'après le conseil de l'abbé William de Burgat, il avait demandé que M. de Horrack voulût bien se charger de la reproduction calligraphique en écriture hiéroglyphique et en écriture hiératique. Le 14 mars 1865, M. de Horrack écrivait à Chabas :

L'abbé Sire m'a fait prier hier d'aller le voir, au sujet de votre traduction en égyptien du titre de la Bulle. Il m'a remis vos deux textes, ainsi que votre mémoire explicatif. Il s'agit de porter les deux inscriptions sur un papier fait exprès, et d'orner les bords du tableau dans le style égyptien. Je me suis mis à l'ouvrage sans perte de temps, et je peux vous soumettre dans quelques jours un projet de dessin[3]...

Ce projet fut communiqué à Chabas dès le 20 mars 1865 ; au mois de juin, l'abbé Sire était en possession de l'œuvre définitive, et exprimait sa satisfaction[4] de la perfection de cette copie.

1. Lettres de M. de Horrack à Chabas, des 1", 17 et 25 juillet, et 1" août 1865.
2. *Bibliothèque égyptologique*, t. IX, p. LXV.
3. Lettre de l'abbé Sire à Chabas, du 24 décembre 1864.
4. Lettre de l'abbé Sire à Chabas, du 29 juin 1865.

Quant au papyrus des Lamentations, M. de Horrack en adressa le calque à Chabas, le 19 avril 1865, avec ce qu'il appelait modestement le brouillon, n'osant dire le travail, qu'il avait préparé pour expliquer et commenter ce texte. Chabas approuva le commentaire, en proposant seulement quelques additions, et envoya une explication de la clause finale, que M. de Horrack accueillit avec reconnaissance [1], et dont il eut soin de faire honneur à son ami, quand il publia son mémoire. Lepsius [2] lui offrait de la manière la plus gracieuse ses types pour faire imprimer ce mémoire à Berlin, et ses services pour surveiller l'impression du texte et la lithographie des planches. M. de Horrack fut très sensible à cette offre bienveillante [3]. Mais, toujours difficile pour ses propres travaux, il hésitait encore à se reconnaître satisfait de son œuvre, qu'il soumit de nouveau à la critique de Chabas. Sa lettre du 23 juin 1866, qui annonçait à celui-ci l'envoi de ce mémoire, montre combien M. de Horrack avait de mérite à rester fidèle à ses études :

Je vous ai expédié par la grande vitesse un paquet qui contient vos livres et mon mémoire sur le papyrus de Berlin. L'avant-propos n'est qu'un *projet*. J'y ai exposé le côté pratique de votre méthode tel que vous m[e l']aviez expliqué par écrit il y a six ans, et je crois que c'est une bonne chose de la porter à la connaissance du public... Je regrette seulement de vous donner tant de peine, et je vous prie de remettre la lecture de mon mémoire à un moment de loisir. Vous le trouverez probablement trop serré. Il le fallait bien... d'abord pour éviter de trop grands frais, et... à cause du temps qu'exigent ces compositions... Vous savez que je ne puis travailler que le matin jusqu'à 8 heures; il est vrai que j'ai l'ha-

1. Lettres de M. de Horrack, des 19, 22 et 26 avril 1865; lettre de Chabas, du 21 avril.

2. Il venait d'être nommé directeur du Musée de Berlin après la mort de Passalacqua.

3. Lettre à Chabas, du 15 juin 1865.

bitude de me lever à des heures impossibles pour tout Parisien ; mais il y a trop d'exceptions causées forcément par des veillées que je ne peux éviter. Les étrangers, les visites à la campagne, sans parler de celles que je dois faire en ville, les amis, etc., m'empêchent de me coucher de bonne heure...

Quant j'aurai étudié le Manéthon, de M. Lauth, je vous en donnerai des extraits ; notre ami a lu dans le papyrus de Turin des choses que je ne puis pas y découvrir.

Chabas répondit, le 25 juin 1865 :

Votre manuscrit est reparti aujourd'hui même ; je n'y ai fait aucun changement notable, et vous pouvez l'envoyer tel quel à M. Lepsius... Votre œuvre sera excellente ; elle vient à propos pour [hiéroglyphes] l'opinion avantageuse qui commence à se former de vous...

Malgré cette appréciation encourageante, le manuscrit ne fut pas encore envoyé à l'impression [1]. Tout en reconnaissant qu'il aurait été mieux de publier sans retard, l'auteur trouvait aussi quelque avantage aux nouveaux délais qu'il s'accordait ; « mon travail, disait-il, y gagnera, j'en suis convaincu. » Et il proposait de nouvelles explications [2]. D'ailleurs, il plaisantait lui-même de ces délais, et écrivait à Chabas, le 2 septembre 1865 :

Il (Devéria) m'a prévenu que si je ne publiais pas bien vite le papyrus de Berlin, il me dénoncerait à vous pour que vous me mettiez sur la liste des « cacheurs » de textes...

On sait que Chabas venait, dans ses *Revues rétrospectives*, de critiquer vivement Mariette et les égyptologues qui ne se hâtaient pas de publier, dans l'intérêt de la science,

---

1. Il ne devait être finalement imprimé qu'au mois de mai 1866.
2. Lettre à Chabas, du 1" août 1865.

les documents précieux dont ils disposaient[1] : il avait regretté aussi que les richesses scientifiques contenues dans les collections publiques ne fussent pas assez accessibles aux travailleurs. Devéria, tout en désapprouvant l'intervention malencontreuse qui avait soulevé toutes ces discussions[2], s'efforçait pourtant de justifier Mariette auprès de M. de Horrack, en faisant remarquer à celui-ci, surchargé lui-même de travail, qu'il n'était pas toujours facile de publier aussi vite qu'on l'aurait voulu. Quant aux facilités réclamées par Chabas pour les travailleurs désireux d'étudier les collections publiques[3], M. de Horrack devait reconnaitre qu'elles existaient en faveur de quelques privilégiés, et qu'il était lui-même un de ces privilégiés[4], grâce à ses bonnes relations avec Devéria. Il ajoutait[5] :

... Le catalogue des papyrus... existe en manuscrit. M. Devéria y travaille depuis six ans *sans l'avoir terminé*. C'est un excellent travail, mais un peu trop élaboré ; je crains bien qu'il ne soit jamais imprimé... Pour mon compte, j'admets pour M. Devéria des circonstances atténuantes, même *très atténuantes*, car je regarde son état de santé comme très précaire, et je persiste à prétendre qu'il est bien plus malade qu'on ne pense... Je désire vivement que mes craintes soient exagérées.

Je profiterai des jours de fêtes pour donner « the finishing touch » à mon petit mémoire sur les Lamentations d'Isis, etc., du papyrus de Berlin ; et, si les circonstances le permettent, je l'enverrai

1. Voir *Bibliothèque égyptologique*, t. IX, p. LXIX-LXX.

2. L'intervention d'Ernest Desjardins (lettre de M. de Horrack à Chabas, du 1er juillet 1865).

3. Lettre de Chabas, adressée en décembre 1865 à M. Adrien Péladan, directeur de la *France littéraire*.

4. Il n'avait cependant pas été admis à voir le contenu du meuble à papyrus ; mais Devéria lui avait dit, ce qui était vrai, qu'il ne s'y trouvait pas de papyrus historiques (lettre de M. de Horrack à Chabas, du 31 décembre 1865).

5. Lettre du 18 décembre 1865.

à M. Lepsius dans le courant du mois de janvier, pour le faire imprimer à Berlin...

La complaisance inépuisable de M. de Horrack lui attirait encore d'autres besognes. Le 31 décembre 1865, il écrivait à Chabas que Devéria venait de repartir pour l'Égypte pour raisons de santé, le médecin lui ayant conseillé d'y passer cinq hivers consécutifs, et qu'il avait laissé en partant des publications à surveiller. Mme Devéria, sa mère, avait alors prié M. de Horrack de passer chez elle, et avait sans peine obtenu de lui qu'il se fît autant que possible le suppléant de son ami. Il eut ainsi à corriger, pour la *Revue archéologique* les épreuves d'un article de Mariette sur la nouvelle table d'Abydos[1]. L'article parut en février 1866; trop tôt au gré de M. de Horrack qui trouvait qu'une épreuve de plus aurait été nécessaire[2]. Il venait de lithographier[3] lui-même le texte hiératique du papyrus des Lamentations et s'occupait sérieusement de faire imprimer son mémoire. Mais des difficultés inattendues le détournèrent d'envoyer son manuscrit en Allemagne, comme il en avait eu d'abord l'intention d'après les propositions de Lepsius. Le tirage des planches, dans les conditions que lui offrait la *Zeitschrift*, aurait été fort onéreux pour lui[4]. Il se résigna donc à réduire sensiblement l'étendue

---

1. « L'article, écrivait M. de Horrack à Chabas le 30 janvier 1866, est
» intéressant... Il m'a donné un mal infini; je ne peux pas en vouloir
» au compositeur de l'imprimerie, car l'écriture de M. Mariette ressemble
» à du démotique... J'ai fait de mon mieux pour la partie égyptologique...
» M. Bertrand ne s'est occupé de rien: j'ai dû numéroter les types
» d'après un ancien catalogue de l'Imprimerie Impériale, et faire des
» dessins pour en faire couper quelques-uns sur bois; enfin j'ai travaillé
» comme si j'avais fait l'article moi-même. Il le fallait bien; car sans
» cela l'article de M. Mariette aurait eu à attendre le retour de M. De-
» véria. »

2 et 3. Lettres de M. de Horrack à Chabas, du 9 et du 14 février 1866.

4. A cause des conditions imposées pour le tirage à part d'un certain nombre d'exemplaires.

de son texte explicatif, et surtout le nombre des caractères hiéroglyphiques employés; il s'adressa à Pillet[1], imprimeur de la *Revue archéologique,* et obtint le prêt du petit nombre de types de l'Imprimerie Impériale, dont il avait besoin pour la composition de son texte hiéroglyphique[2]. Le 1er mai 1866, il écrivait à Chabas que son mémoire était enfin imprimé, et le consultait pour la composition du titre; le 20 mai, il lui annonçait l'envoi d'un des exemplaires de cet ouvrage, qu'il avait reçus la veille[3].

Il se disposait alors à partir pour l'Allemagne. Il devait s'arrêter à Francfort-sur-le-Mein, 9, Schœne Aussicht, pour voir sa famille et, de là, se rendre à Kissingen. Mais il partait bien inquiet de la situation politique dans sa patrie, « où, disait-il, un terrible bouleversement me semble imminent[4] ». Le 16 juin, il écrivit de Kissingen à Chabas :

Depuis que je vous ai quitté[5], je suis ici dans une belle vallée, entre des montagnes vertes jusqu'à leur sommet; le soleil est chaud, trop chaud pour bien des personnes; l'air est pur et embaumé, et continuellement rafraîchi par des orages qui passent bien vite, sans laisser derrière eux cette espèce de froid que j'ai remarqué si souvent en France après une forte pluie...

Hier, la guerre entre la Prusse, et l'Autriche assistée par le plus

1. Lettre à Chabas, du 20 mars 1866.
2. Lettre à Chabas, du 14 avril 1866.
3. Il rendait compte aussi de ses démarches à la Bibliothèque impériale pour copier dans le manuscrit des Notices de Champollion le texte du traité conclu par Ramsès II avec le prince des Khétas, et racontait les difficultés qu'il avait rencontrées pour obtenir communication de ce manuscrit. Il avait dû déclarer que c'était pour Chabas qu'il venait consulter ce texte, et montrer la lettre contenant les instructions de celui-ci.
4. Lettre à Chabas, du 10 mai 1866.
5. Sa lettre du 20 mai annonçait qu'il passerait peut-être à Chalon-sur-Saône, en allant de Paris à Francfort; cette première phrase de la lettre du 16 juin : « Depuis que je vous ai quitté », semble indiquer que ce projet s'était réalisé.

grand nombre des États moyens, parait avoir été déclarée en bonne forme à Francfort... Je compte partir la semaine prochaine pour Dresde ; et de là en Bohême pour voir mon frère, si cela est toutefois matériellement possible...

Ce frère, Carl de Horrack, était officier dans l'armée autrichienne. Le 5 juillet 1866, M. de Horrack écrivait à Chabas combien il en était inquiet :

Je suis de retour à Paris depuis quelques jours, après avoir passé à Francfort une semaine bien orageuse. Dans cette bonne ville, on ne voit plus que des soldats et des canons ; les affaires sont suspendues, et le bourgeois, si paisible autrefois, ne parle que guerre, et demande des « Prussiens » pour en faire des saucisses qu'il mangerait bien avec sa chope de bière. Mais je crains bien que, dans peu de jours, la ville de Francfort ne soit mangée elle-même par les Prussiens, et très bien digérée par les vainqueurs des Autrichiens. Ce matin, grande joie dans Paris... la paix semble être faite. Je ne m'en réjouis guère ; car je suis très inquiet sur le sort de mon frère, qui était dans les terribles batailles que se sont livrées les Allemands en Bohême ; son régiment a été détruit, et s'il a échappé à cet affreux carnage, c'est par un miracle...

J'ai la douleur, écrivait-il le 18 juillet, de vous annoncer que mes craintes au sujet du sort de mon frère se sont malheureusement réalisées. Il a succombé, après cinq jours de souffrances, à une blessure mortelle reçue à la bataille de Sadowa ; une balle prussienne lui avait traversé la poitrine. Sur la nouvelle assez vague qu'il était blessé, mon beau-frère[1] est parti de suite pour le champ de bataille, sans connaître l'endroit où il avait été transporté, et, après avoir parcouru pendant 14 heures l'affreux charnier, il a appris, par les personnes qui assistaient à ses derniers moments, qu'il était mort le 7, et enterré dans le jardin d'un château. Quelle terrible guerre, qui jette le deuil dans des milliers de familles ! Je ne sais pas encore quelle impression cette triste nouvelle a faite sur ma pauvre mère...

1. Louis Tolhausen.

Il ne le savait pas encore le 31 juillet; on lit dans la lettre
qu'il adressait alors à Chabas :

> ... Vous avez dû voir dans les journaux que la ville de Franc-
> fort a été durement éprouvée. Je n'ai pas reçu de lettre de ma fa-
> mille depuis l'entrée des Prussiens (16 courant); car la ville est
> au secret, et toute correspondance par la voie ordinaire rendue im-
> possible...

Pour se distraire de sa propre tristesse, il s'intéressait aux
souffrances des autres. Ayant appris de M. Buchère que
Devéria était de nouveau fort malade[1], il se hâta d'aller
voir celui-ci avant son départ pour le midi de la France, car
on renonçait désormais à l'envoyer en Égypte, et écrivit à
Chabas le 1er octobre 1866 :

> ... J'ai vu ce pauvre Devéria le soir de son départ (il y a huit
> jours); il n'a jamais été aussi bas, et j'ai compris, de quelques pa-
> roles qui lui échappaient, que lui-même n'a aucun espoir de gué-
> rir...

Il avait aussi recours au travail; il étudiait le texte du
décret de Canope, et, dans sa lettre du 1er octobre 1866,
envoya à Chabas son interprétation d'un passage de ce texte;
il faisait personnellement une étude approfondie du papyrus
Anastasi I[2], en attendant la publication du grand travail de
Chabas et Goodwin, le *Voyage d'un Égyptien*. Enfin, la
Bibliothèque Impériale faisait appel à son concours, pour la
préparation d'un catalogue des antiquités égyptiennes du
Musée de Luynes. Il écrivait à Chabas, le 25 novembre 1866 :

> ... Il y a quelques jours, j'ai reçu une lettre très obligeante de

1. Lettre de M. de Horrack à Chabas, du 21 septembre 1866.
2. « ... Moi aussi, écrivait-il à Chabas le 30 octobre 1866, en le remer-
ciant de l'envoi d'un exemplaire du *Voyage*, j'avais préparé une traduction de l'Anastasi I, pour voir à quel résultat j'arriverais... »

M. Chabouillet, conservateur du Cabinet des Médailles de la Bibliothèque Impériale, qui m'invitait à aller le voir dans son cabinet. Je m'y suis rendu tout de suite, et j'ai trouvé MM. les Conser-
vateurs (du Musée « Duc de Luynes ») dans la consternation. Un
ordre du Ministre venait d'arriver pour que le catalogue *soit fait
et imprimé pour le 1ᵉʳ avril*, jour de l'ouverture de l'Exposition [1].
Donc ces messieurs, qui n'ont même pas numéroté les objets du
Musée, sont obligés de travailler depuis 10 heures du matin jusqu'à 3 h. 1/2 de l'après-midi. Les malheureux!!! ils appellent cela
« travailler durement »! Je voudrais bien les fourrer pour quelques mois dans le bureau d'un commissionnaire, où l'on travaille
pendant des saisons tout entières depuis 8 heures jusqu'à minuit.
Le service que M. Chabouillet avait à me demander était de l'ai-
der à classer les antiquités égyptiennes, qui sont encore assez
nombreuses. J'ai accepté, afin de pouvoir mettre le nez dans les
vitrines du Musée, et aussi souvent que je puis m'échapper de
mon bureau, surtout pendant les heures du déjeuner, je vais à la
Bibliothèque d'en face pour expliquer les objets tant bien que mal,
ce qui est très souvent assez difficile ; car il faut en avoir *vu* beaucoup, et avoir un peu l'habitude de les classer. Le nouveau catalogue est pour le gros du public ; on demande donc une description aussi concise que possible, sans dissertation aucune. J'ai
donc pu faire facilement des articles sur les gros monuments, tels
que le Zodiaque, la Stèle de la princesse de Bachten, et la Chambre des Ancêtres de Tutmes. Me voilà aux papyrus, et c'est là
comme un fait exprès que je rencontre deux noms propres qui contiennent des signes de lecture douteuse. C'est d'abord le nom
d'un 〔hiéroglyphes〕 qui s'appelle 〔hiéroglyphes〕. Est-ce Ati-Amen,
Ser-Amen, ou Semes-Amen, ou Sennu-Amen, etc.? Son nom se
trouve une vingtaine de fois dans le papyrus, mais sans variante,
à l'exception d'une seule, qui est ainsi conçue : 〔hiéroglyphes〕
〔hiéroglyphes〕 [2]. L'〔hiéroglyphe〕 après 〔hiéroglyphe〕 me fait penser qu'il faut lire 〔hiéroglyphes〕.
Le catalogue demande un nom sans ? après; mais que dire?

---

1. L'Exposition universelle de 1867.
2. Dans l'original, ce texte est disposé en colonne verticale.

Le même papyrus contient un tableau superbe, conservé dans toute sa fraicheur. Je l'ai copié (non pas calqué, car il est sous verre), et je vous en envoie ci-inclus une copie à la presse pour votre usage. Le texte n'est pas complet, sauf le commencement jusqu'au premier tableau. Il représente deux déesses à cornes de vache, dont l'une est nommée ⁓⁓⁓, et l'autre ⁓⁓⁓. Le nom de la première est très rare ; je ne l'ai trouvé que dans la Géographie de Brugsch, I, nᵒ 1238, où il est écrit : ⁓⁓⁓, lu par Brugsch *Tutsaas*. Je propose *Iu-s-aas*. Comment liriez-vous ? Le nom de l'autre déesse est assez fréquent...

Il eut d'ailleurs l'occasion de lire des noms et des titres sur d'autres monuments que ceux de la Bibliothèque Impériale. Il écrivait[1] le 15 décembre 1866 :

... Un de mes amis m'a apporté de Nimes une charmante figurine de la classe des *Ushebti*. Elle faisait partie des objets du tombeau d'un ⁓⁓⁓ nommé ⁓⁓⁓, fils de ⁓⁓⁓ ⁓⁓⁓. A propos du premier titre, je me rappelais que le groupe ⁓⁓⁓ se trouve dans l'Inscription de Rosette, et a été traduit par « guerriers » par M. Brugsch, qui signale dans sa Géographie une variante trouvée sur une stèle du Musée de Berlin. Je l'ai copiée dans le temps ; la voici[2] :

---

1. Lettre à Chabas ; M. de Horrack annonçait à la fin de cette lettre qu'il venait d'acheter une belle reproduction du papyrus Cadet dans la boutique d'un marchand de gravures.

2. Dans l'original, ces textes sont disposés en colonnes verticales.

Je suppose que vous aviez connaissance de cette variante en traduisant l'inscription de Rosette. En examinant ce document, une idée m'est venue en regardant les groupes 𓏏𓇳 et 𓏏 que le texte grec a rendus par κατὰ μῆνα, etc., et Brugsch par « chaque mois, etc. »; c'est la clef pour la traduction de la phrase de mon papyrus qui m'a tant intrigué : 𓀀𓏤 (page 4, ligne 10) « Toi (Osiris-Lune) qui viens à nous en enfant *chaque mois.* » Il me semble qu'il n'y a pas de doute là-dessus.

Je travaille toujours après votre Papyrus Anastasi. Sans vouloir vous flatter le moins du monde, je crois *that you beat Mr de Rougé out of his boots.* C'est une expression américaine qui est un peu familière, mais très significative...

Cependant M. de Horrack conseillait à Chabas de ne pas contrarier Lepsius sur la question de la transcription des hiéroglyphes en copte[1], et motivait ainsi son avis sur cette question, encore d'actualité aujourd'hui :

... Abstraction faite que cela plaît ou non à M. Lepsius, il est manifeste que l'adoption d'un système uniforme de transcription sera une excellente chose... Vous avez dit vous-même qu'il est impossible de remplacer les hiéroglyphes par n'importe quel système de transcription ; celui par les lettres coptes peut être excellent, et les objections faites par M. Lepsius peuvent probablement être écartées, mais les difficultés *matérielles* sont évidentes... Je me joins à M. Lepsius pour vous prier d'adopter *das allgemeine Alphabet.* En même temps, on devrait tomber d'accord sur l'*ordre alphabétique* à suivre ; cela faciliterait les recherches dans les glossaires, et poserait une base pour le classement des noms propres, géographiques, etc. Si quelqu'un voulait se moquer des glossaires égyptiens, il n'aurait qu'à faire une énumération des différents ordres alphabétiques adoptés par M. Brugsch seul ; il

1. En écriture hiératique dans la lettre de M. de Horrack.
2. Lettre à Chabas, du 29 décembre 1866.

ne serait pas difficile de compléter la douzaine. Cette question me semble tout aussi importante que l'autre...

A la fin de l'année, je viens de recevoir une bonne nouvelle après tant de mauvaises. Le gouvernement français vient de créer plusieurs consulats : à Francfort, Hanovre, Cassel, etc., et aussi un à Cologne pour les provinces Rhénanes ; ce dernier a été donné à mon beau-frère[1], qui va par conséquent quitter l'ambassade de Berlin, et occuper ce poste indépendant et lucratif. Il le mérite bien, et il ne fera pas un consul pour rire, mais il rendra au commerce et au gouvernement de véritables services. Tous les articles que vous voyez au *Moniteur* sous les titres : *On écrit de Berlin, de Stettin, de Hambourg*, enfin des villes du nord de l'Allemagne, sont de sa plume et ont eu l'honneur d'être envoyés par le Ministère au *Journal officiel* pour y être insérés...

M. de Horrack commença ses études égyptologiques de l'année 1867, par l'examen de l'ouvrage de Lepsius sur le décret de Canope, et communiqua à Chabas, le 10 janvier, un certain nombre d'observations sur cet ouvrage. Il lui annonçait en même temps qu'il venait d'acheter, à un prix très avantageux, la grande publication de Leemans et le Panthéon de Champollion. Il fut moins heureux au mois de mars, quand il voulut acquérir, à l'Hôtel des Ventes, la première page du poème de Pentaour :

...Il y a dix jours[2], une vente très importante d'antiquités égyptiennes a eu lieu à l'Hôtel des Ventes. *J'ai vu* parmi les nombreux papyrus et fragments de papyrus la *première* page du poème de Penta-ur, dont il restait à peu près le tiers en bon état, le commencement étant presque intact. Je suis allé à la vente avec l'intention d'acheter ce précieux fragment, que j'aurais lithographié et envoyé de suite au « Zeitschrift ». Mais j'y ai trouvé une concurrence des plus formidables, M. de Rougé à la tête ; il était dans l'enceinte, et tous les objets lui ont été présentés d'abord. On est

1. Louis Tolhausen ; voir p. 1, note 3, de cette notice.
2. Lettre de M. de Horrack à Chabas, du 2 avril 1867.

arrivé à des prix fous, inabordables, impossibles. En voyant cela, je me suis retiré...

Chabas venait à Paris pour l'Exposition universelle. M. de Horrack, qui avait loué un logement à Saint-Germain pour la saison d'été, mit à sa disposition son appartement de la rue de Calais pour la durée de son séjour. Il fut d'ailleurs obligé de rentrer lui-même à Paris beaucoup plus tôt qu'il n'aurait voulu, à cause du surcroît de travail apporté par l'Exposition. Ce fut pour lui l'occasion de voir souvent Lepsius, qui était « venu à Paris pour son plaisir et pour montrer la grande ville à ses enfants[1] ». M. de Horrack apprit de lui la nomination de Brugsch à Gœttingen[2]; mais obtint aussi de Devéria[3] d'autres renseignements qu'il communiqua à Chabas, dans une lettre du 26 septembre 1867 :

... Je viens de lire les deux numéros de la *Revue critique*[4], qui contiennent l'article en question de Brugsch. Je le trouve bien plus hostile à votre égard que je ne pensais. Il est évidemment mal intentionné, et me fait croire que l'auteur l'a écrit pour faire plaisir à M. de R. C'est surtout la seconde moitié de la page 104 qui m'a choqué. Vous faites bien d'y répondre et de secouer vertement M. Brugsch. Cela fera encore plaisir à M. de R., qui se plaint très sérieusement de la manière d'agir de M. B..., à ce que M. D.[5] m'a dit. Après avoir, pour ainsi dire, accepté la position que M. de R. lui avait créée à Paris avec beaucoup de peine, M. B. est allé à Berlin sous prétexte d'y chercher ses livres. Là, il a exhibé les papiers constatant sa nomination à Paris, de manière que le gouvernement prussien n'a pu faire autrement que de lui créer une chaire pour le conserver à l'Allemagne. Ceci est la ver-

1. Lettre de M. de Horrack à Chabas, du 23 septembre 1867.

2. Voir *Bibliothèque égyptologique*, t. IX, p. LXXXII, note 2.

3. Devéria, après un long séjour au Cannet, était revenu à Paris toujours souffrant, mais un peu moins faible.

4. Brugsch y attaquait avec âpreté l'ouvrage de Chabas sur le *Voyage d'un Égyptien*.

5. Devéria.

sion de notre ami D. J'ai lieu de croire qu'elle est authen-
tique'...

Lorsque l'arrivée de la saison froide eut obligé Devéria à
s'éloigner de nouveau de Paris, ce fut M. Pierret qui reçut
M. de Horrack au Musée du Louvre. Celui-ci informa
Chabas, le 28 novembre 1867, d'une découverte qu'il venait
de faire dans une des vitrines de ce musée :

J'avais remarqué, il y a longtemps déjà, dans une des vitrines
du Louvre, un fragment de vase qui porte une magnifique inscription hiératique. Je me suis fait donner ce tesson il y a quelques
jours pour prendre un calque. Jugez de ma surprise, de reconnaître dans l'inscription un duplicata du fragment de pierre Cailliaud, dont vous avez publié le texte dans votre « Voyage d'un
Égyptien ». Je me demande si ce document a échappé à la pers-
picacité de M. Devéria, ou s'il le connaît et s'est proposé de le
publier un jour'. Il ne m'en a jamais parlé, et son remplaçant,
M. Pierret, qui m'a vu en prendre un calque avec beaucoup de
soin, a paru tout surpris lorsque je lui annonçais que son ostracon
reproduit une page d'Anastasi I. Quoi qu'il en soit, je me propose

1. Dans une lettre du 24 octobre 1867, M. de Horrack ajoutait que
M. Zotenberg, qu'il avait rencontré en compagnie de M. Reinisch, lui
avait dit combien il avait regretté l'insertion de l'ar ..e de Brugsch
dans la *Revue critique*, dont il était alors collabo .eur, et qu'il se
disposait à quitter. D'ailleurs M. Zotenberg avait fait directement
connaître à Chabas, dans une lettre du 16 juin 1867, son opinion sur le
rôle que Brugsch venait de jouer à Paris.

2. Devéria écrivit sur ce sujet à M. de Horrack : « Vous faites fort
» bien de calquer et de publier nos ostraca. Ils sont là pour cela, et
» n'attendent que la bonne volonté des savants. J'avais reconnu depuis
» longtemps et indiqué dans mon catalogue le duplicatum Cailliaud ;
» mais ce n'est que le livre de M. Chabas qui m'a montré que le même
» texte se trouvait dans le papyrus Anastasi I ; je ne l'avais pas remarqué.
» Ces deux ostraca d'un même texte (avec des variantes importantes)
» prouvent que quelque superstition s'y rattachait, et qu'on devait
» l'employer comme talisman. » (Lettre de M. de Horrack à Chabas,
du 9 janvier 1868).

d'envoyer mon calque à M. Lepsius pour le publier dans le *Zeit-schrift*. Comme il doit être accompagné d'une explication plus ou moins détaillée, j'ai essayé de faire la traduction du texte, lequel bien certainement présente des difficultés assez sérieuses. Voici le brouillon de mon travail, que je prends la liberté de vous sou-mettre... J'ai commencé à calquer un autre ostracon, à peu près des mêmes proportions; malheureusement il n'est pas complet, à cause d'un morceau qui manque...

Chabas critiqua consciencieusement le travail soumis à son appréciation[1]; le 17 décembre 1867, M. de Horrack lui écrivait :

Grâce à vos excellentes notes, pour lesquelles je ne saurais vous remercier assez, mon article sur l'ostracon du Louvre a reçu une tournure tout à fait savante. Je l'ai expédié immédiatement à M. Lepsius... J'ai fini avec le calque de l'ostracon dont je vous ai parlé; vous le trouverez ci-inclus. Quel dommage que ce texte ne soit pas complet[1]!...

Le mémoire *Sur un ostracon*, etc., envoyé à Lepsius, parut dans la *Zeitschrift*, numéro de janvier 1868 : Lepsius en avait fait disparaître un passage où M. de Horrack dé-fendait Chabas contre les attaques de Brugsch. L'égypto-logue de Berlin avait, lors de sa visite à Paris en 1867, reçu d'E. de Rougé l'accueil le plus flatteur, et en avait exprimé sa satisfaction dans une lettre écrite à M. de Horrack[3]. Aussi s'appliquait-il désormais à rester étranger à toutes les polémiques qui concernaient Chabas, et M. de Horrack écrivait à celui-ci le 28 janvier 1868 :

1. Voir les lettres de M. de Horrack à Chabas, du 30 novembre et du 4 décembre 1867.
2. M. de Horrack le comparait aux pages 1-3 du papyrus Sallier I, avec lequel il trouvait une grande analogie de style (lettre du 17 dé-cembre 1867).
3. Voir la lettre de M. de Horrack à Chabas, du 24 décembre 1867.

... M. Lepsius me demande la permission de supprimer, dans mon article pour le *Zeitschrift*, le passage relatif à la critique de Brugsch de votre *Voyage d'un Égyptien*. J'apprécie les raisons que donne à cet effet le savant Docteur ; mais sa manière d'agir se ressent un peu de la politique de son compatriote Bismarck... C'est aujourd'hui (25 janvier) seulement que le passage final où je défends M. Chabas contre Brugsch le frappe. Le Docteur n'a jamais vu l'article en question de Brugsch, et ne sait même pas où il a paru ; mais il est persuadé d'avance que mes observations très modérées sont parfaitement justes. Cependant, il voudra éviter dans son journal toute espèce de polémique. Il désire, par conséquent, que je l'autorise, par *retour du courrier*, à supprimer le passage en question.

Je n'ai pu faire autrement que d'accepter « le fait accompli[1] », et j'ai envoyé immédiatement à M. L. une autre rédaction, en conservant tout ce que j'avais dit sur les mérites de vos ouvrages, etc. ; mais j'ai une vague idée que papa L. a déjà rectifié lui-même la clause finale en question, et que l'article était déjà imprimé ainsi avant le départ de sa lettre. On ne peut pas se fier à ces diables de Berlinois ; ils valent bien leur réputation... Il parle beaucoup de vous, et prétend avoir fait un effort auprès de M. de Rougé pour vous raccommoder avec ce dernier...

M. de Horrack reconnut cependant, le 17 février 1868, dans une lettre à Chabas, que son article avait été correctement reproduit :

Le numéro du *Zeitschrift* de janvier m'est parvenu il y a deux jours ; mon petit article est assez correctement reproduit, sauf deux grosses fautes d'orthographe. Je crois que ce sont les demoiselles de M. Lepsius qui corrigent les épreuves en langues française et anglaise. Elles sont évidemment plus fortes sur la langue française, car les articles de M. Goodwin, insérés dans le même numéro, sont criblés de fautes... Il faut néanmoins savoir gré à M. Lepsius de ce qu'il accepte des articles en langue étrangère ;

---

1. L'article était déjà composé par l'imprimeur, et la planche exécutée.

que ferait la *Revue archéologique* ou le *Journal asiatique*, si on lui envoyait un article en anglais ou en allemand ?...

Quant à Brugsch, il faisait paraître des livraisons successives de son *Dictionnaire*, où Chabas n'était pas plus équitablement traité que dans la *Critique du Voyage d'un Égyptien*. M. de Horrack envoyait à Chabas des extraits de ce Dictionnaire, et lui exprimait combien il était choqué du parti pris et de l'injustice de Brugsch :

La huitième livraison du Dictionnaire de Brugsch vient de paraître. L'auteur y continue à vider son sac à votre égard; il le fait avec une amertume visible, en se servant des mots les plus durs et même peu convenables[1]...

... Votre[2] mémoire[3] ne peut pas être assez raide en ce qui regarde M. Brugsch. A chaque instant, je rencontre dans son Dictionnaire des phrases de ce genre : « La signification du groupe... a été à peu près devinée par M. Chabas », ou « a été devinée, mais non pas prouvée par M. Chabas... » Toute cette critique, ainsi que celle de M. de Rougé, porte presque toujours sur des points secondaires, et devient très souvent de l'enfantillage. De la part de M. B..., c'est une hostilité systématique que rien ne justifie...

On comprend avec quel intérêt M. de Horrack étudia la *Réponse à la Critique* qui lui parvint le 5 mars, et dont il remit un exemplaire à M. Zotenberg[4]. Il copia aussi au Louvre une stèle de l'Ancien Empire, qu'il se disposait à étudier[5]; il cherchait encore quel texte hiératique il emporterait à Kissingen, où il comptait passer quatre semaines

1. Lettre du 12 février 1868. M. de Horrack communiquait en même temps à Chabas des nouvelles de M. Reinisch, qui allait être nommé professeur à l'Université de Vienne, et venait de l'en informer.

2. Lettre du 17 février 1868.

3. La *Réponse à la Critique*, que Chabas venait de préparer, et qui parut quelques jours plus tard.

4. Lettre de M. de Horrack à Chabas, du 6 mars 1868.

5. Lettre de M. de Horrack à Chabas, du 4 avril 1868.

du congé qu'il espérait pour le mois de mai. Mais un événement imprévu vint déranger ses projets de voyage et d'étude. Son collègue au bureau de la maison Tiffany et Reed, M. Lockwood, était souffrant depuis la fin de mars, et tout le travail du bureau retombait sur M. de Horrack. Celui-ci attendait patiemment la guérison de son ami; mais M. Lockwood devint de plus en plus faible, et mourut le 30 avril 1868. Le 8 mai, M. de Horrack, s'excusant de n'avoir pu rendre à M. Lefébure, alors à Paris, les services qu'il avait l'habitude de prodiguer de si bonne grâce aux amis de Chabas, racontait à celui-ci les tristes jours qu'il venait de passer :

... Depuis que je vous ai adressé les lignes qui vous annonçaient la mort de mon pauvre ami, j'ai passé des jours que j'espère ne pas revoir. Voici en peu de mots ce qui s'est passé. M. Lockwood, malade depuis quelques semaines, ne souffrait plus, mais était d'une faiblesse qui me semblait étrange. Suivant son désir, il fut transporté à Saint-Germain le 27 avril, et installé dans une maison confortable qu'il avait louée il y a déjà quelques mois. C'est jeudi matin que je trouvais le fatal télégramme sur mon pupitre. Je partis immédiatement; je le trouvai mort, et sa pauvre femme toute seule avec deux bonnes, dans un état de consternation difficile à décrire. Depuis ce moment, je suis installé à Saint-Germain... Je suis loin d'être au bout de mes soucis. Mme Lockwood est enceinte de neuf mois et attend son accouchement avant le 15 de ce mois[1]; heureusement sa santé est bonne et son moral un peu plus relevé. Votre bonne lettre lui a fait beaucoup de bien.

Pour comble de malheur, personne de la famille Reed[2] n'est à Paris. J'étais obligé de me couper en deux pour ainsi dire; d'un côté, pour diriger un peu les affaires à Saint-Germain, de l'autre,

---

1. Elle mit au monde le 21 mai une petite fille qu'elle appela Carrie, et qui mourut le 22 octobre 1871. Mme Lockwood avait une autre fille, aujourd'hui Mme Gélis Didot. Elle eut encore, en 1876, sa fille Amy de son mariage avec M. de Horrack.

2. Mme Lockwood était nièce de M. Reed, un des chefs de la maison Tiffany.

pour ne pas tout à fait négliger celles du bureau où j'avais le
grand bilan à faire... ; en un mot, de la besogne par-dessus la tête.
et des chagrins sérieux par-dessus le marché...

M. Reed, qui était en Amérique, ne pouvait revenir à
Paris qu'à la fin du mois de juin, et M. de Horrack dut
continuer longtemps la mission de dévouement qu'il avait
généreusementacceptée. Ses vacances avaient été sacrifiées,
et il avait dû, faute de temps, laisser momentanément de
côté ses travaux égyptologiques. Mais ces événements pré-
paraient un changement encore plus important dans sa vie.
Mme Lockwood avait pu dans ces jours difficiles apprécier
les rares qualités et la délicate bonté de ce fidèle ami: lui-
même avait été touché de la confiance qu'elle lui avait
manifestée ; il avait admiré le courage qu'elle avait montré
dans cette terrible épreuve. Aussi Chabas ne fut-il pas
étonné quand son ami lui écrivit, le 14 mars 1869, que son
mariage avec Mme Lockwood était décidé pour le mois de
septembre.

... Je n'ai pas besoin, écrivait-il, de glorifier vis-à-vis de vous les
nombreuses bonnes qualités de ma future. Vous en connaissez
quelques-unes[1]. Moi, je l'ai vue passer successivement par les plus
rudes épreuves, qui m'ont révélé toute la noblesse de son cœur, et
en sus une énergie et une fermeté de caractère que je ne soupçon-
nais guère...

Mme Lockwood allait d'abord faire un voyage en Amérique pour rendre visite à sa famille avant son mariage. En

---

1. Parmi ces qualités Chabas avait pu remarquer l'aptitude de
Mme Lockwood à tracer les hiéroglyphes avec une habileté qui faisait
honneur à son maître d'écriture, M. de Horrack (voir les lettres de
Mme Lockwood à Chabas, du 10 novembre et du 5 décembre 1868; voir
aussi *Bibliothèque égyptologique*, t. IX, p. cxvi, note 3) ; elle envoya à
Chabas de petites dissertations sur l'égyptologie; et aussi, le 5 janvier 1869, une jolie pièce de vers anglais, à laquelle Chabas répondit
en vers français le 16 janvier 1869.

attendant son retour, M. de Horrack voulut se remettre
activement à ses travaux égyptologiques, et préparer pour
la troisième série des *Mélanges* de Chabas une étude sur
l'ostracon du Louvre[1] mentionné à la fin de sa lettre du
28 novembre 1867; mais il eut seulement le temps de
prendre connaissance des travaux publiés depuis les premiers mois de 1868, et de causer un peu d'égyptologie et
d'études orientales avec son ami M. Zotenberg[2]. Après son
mariage, il fit un voyage en Allemagne avec Mme de Horrack,
et revint demeurer à Paris, 54, rue du Cardinal-Fesch[3].
Sa femme voulut alors étudier plus sérieusement l'égyptologie. Ses maîtres furent son mari et Chabas, dont elle
dévora les ouvrages[4]. En retour, elle entreprit de les instruire dans le spiritisme. Mais Chabas fut toujours rebelle
à cet enseignement; et M. de Horrack, qui devait à la
longue se laisser convaincre[5], montra par ses lettres de
1869 et 1870 qu'il était d'abord fort mal disposé :

... Votre dissertation sur le Spiritisme, adressée à ma femme,
m'a beaucoup amusé. Il y a longtemps qu'elle m'a baptisé «Tho-
mas », parce que je refuse à croire dans le surnaturel... Mon oncle,
M. Reed, est également spiritualiste. Cette prétendue science a
pris profondément racine dans le pays le plus libre du monde, où
elle est pratiquée comme une espèce de religion[6]...

... Je crois avec vous que nous tenons le Chameau dans les hiéroglyphes. C'est certainement bien plus probable que le *Spiritisme* que ma femme pensait avoir trouvé dans les hiéroglyphes.
Si votre réponse avait été favorable, vous auriez vu paraître dans

1. Lettre à Chabas, du 29 juin 1869; nous verrons plus loin que M. de
Horrack se décida ensuite pour un autre sujet.
2. Lettres de M. de Horrack à Chabas, du 5 juin et du 5 août 1869.
3. Aujourd'hui rue de Châteaudun.
4. Lettre de M. de Horrack à Chabas, du 30 octobre 1869.
5. Nous verrons qu'en 1874 il entreprit lui-même, mais sans succès,
de convertir Chabas à ses nouvelles idées.
6. Lettre à Chabas, du 28 décembre 1869.

un de nos périodiques un article superbe écrit par le nouveau
« scholar ». Elle vous envoie ci-inclus une copie de l'article de
Brugsch sur le mot ⳥ , faite par elle[1]. Sa correspondance
avec M. Lauth n'a pas encore commencé ; je ferai mon possible
pour ne pas la mettre en rapport avec cette cervelle exaltée, car je
suis sûr que M. Lauth verrait parfaitement le magnétisme animal
et spirituel dans le signe ⳝ[1]...

Du moins M. de Horrack ne pouvait refuser à son épouse
le témoignage mérité par son zèle à l'étude :

... Lizzie continue, avec un zèle au-dessus de tout éloge, à étudier les hiéroglyphes et l'hiératique[2]...
. . Lizzie traduit en ce moment en anglais mes *Lamentations*,
pour les faire insérer dans un « périodique savant » de Boston[4]...

Il rendait aussi justice à l'activité de M. Maspero :

... Il n'y a que M. Maspero qui paraît être extrêmement actif.
Le journal de Frank sera rempli de ses mémoires. Voici une critique de lui d'un récent ouvrage d'Oppert sur les rapports de l'É-
gypte et de l'Assyrie. Cet article est *bien intéressant* ; il ne s'agit
que de savoir si les traductions du fameux Oppert méritent vraiment autant de confiance[5]...

Lui-même se décidait à entreprendre pour les *Mélanges*
de Chabas[6] un mémoire sur les stèles du Louvre n°s 11-12

1. Cette copie, fort bien écrite, e . joffite à la lettre de M. de Horrack
à Chabas, du 2 janvier 1870.
2. Lettre à Chabas du 2 janvier 1870.
3. Lettre à Chabas du 24 janvier 1870.
4. Lettre à Chabas, du 24 février 1870. Nous n'avons pas su que cette
traduction ait été publiée en Amérique; mais une traduction en anglais
des *Lamentations*, par M. de Horrack, parut dans les *Records of the
Past*. 1re *Series*, t. II, p. 111-126. Les *Lamentations* furent aussi reproduites dans la *Bibliothèque Orientale* de Maisonneuve, t. II.
5. Lettre à Chabas, du 21 janvier 1870.
6. Voir p. LI, note 1, de cette notice.

(*Catalogue de Rougé*, p 65), qui traitent de la restauration du temple d'Abydos sous un roi de la XIIIe dynastie[1]. Mais, auparavant, il put s'absenter au mois de juin 1870, et se rendre avec Mme de Horrack à Bade, à Francfort, où il passa quelques jours auprès de sa mère[2]; à Mayence, Coblence, Cologne[3] et Bruxelles, d'où il revint s'installer pour la saison d'été au parc de Montretout, au-dessus de Saint-Cloud. La chaleur était alors accablante, et l'article sur les deux stèles n'était pas encore bien avancé quand la guerre de 1870 vint causer d'autres soucis à M. de Horrack aussi bien qu'à Chabas. Mme de Horrack quitta Paris avec ses enfants dès la nouvelle du désastre de Sedan; son mari vint la retrouver à Boulogne-sur-Mer, dans la nuit du 8 au 9 septembre; et ils se rendirent à Londres, où la sœur de M. Lockwood leur offrait l'hospitalité dans sa maison[4]. Cet exil n'était donc pas l'isolement pour eux; d'ailleurs, M. de Horrack trouvait à Londres autant d'occupation qu'à Paris, et n'y était nullement dépaysé. Il voulut faire bien voir à sa femme les richesses du British Museum, où ils avaient déjà fait une visite rapide dès les premiers jours de leur arrivée à Londres[5]. Chabas leur avait envoyé une lettre d'introduction auprès de Birch; Mme de Horrack lui rendit compte[6] du bienveillant accueil de l'égyptologue anglais :

...We only made a short call, and met him again a few days

1. Lettre à Chabas, du 20 mai 1870.

2. Lettre de Mme de Horrack à Chabas, du 23 juin 1870.

3. Louis Tolhausen, beau-frère de M. de Horrack, était alors consul général de France à Cologne. Il dut quitter ce poste et le territoire allemand au mois de juillet 1870 (lettre de Mme de Horrack à Chabas, du 27 juillet 1870).

4. N° 153, Holland Road, Kensington W. M. et Mme de Horrack s'installèrent au mois d'octobre au n° 73 de la même rue (lettre de M. de Horrack à Chabas, du 7 et du 16 octobre 1870).

5. Lettre de Mme de Horrack, du 7 octobre 1870.

6. Lettre du 4 décembre 1870.

ago. in one of the Egyptian galleries of the British Museum, where he was very kind, and showed us several papyri which are usually not exhibited to the public at large. I was much pleased to see my favorite d'Orbiney, the writing of which I have always considered finer than that of the Papyrus Prisse, which Philip[1] finds superior to it.... Mr Zotenberg[2] was with us on that day...

Cependant, M. de Horrack regrettait vivement d'être séparé de ses livres laissés à Paris :

... En attendant de meilleurs jours[3], nous nous sommes arrangés ici le mieux possible. Mon temps est rempli par les affaires, et je suis quelquefois fortement occupé. En même temps, j'ai tâché de cultiver un peu les hiéroglyphes... Mais le manque de mes livres est bien sensible. Notre fuite de Paris était tellement précipitée, que je n'ai rien emporté...

Enfin, il put rentrer à Paris le 18 février 1871; Mme de Horrack l'y rejoignit avec ses enfants quelques jours plus tard[4]. Ils écrivirent à Chabas avec quelle tristesse ils avaient revu les ruines de Saint-Cloud et du parc de Montretout, où ils avaient passé la première partie de l'été de 1870.

Bientôt survint l'insurrection du 18 mars 1871. Mme de Horrack quitta Paris le 6 avril, et s'installa à Boulogne-sur-Mer[5], en attendant le retour de son mari, que les affaires avaient rappelé à Londres dès la fin de mars. Il y fit l'acquisition d'une très jolie statuette égyptienne, en bronze avec

---

1. M. de Horrack.

2. M. Zotenberg devait également tenir pour le papyrus Prisse, que nous avons trouvé dans son département, lorsque nous avons eu à l'étudier nous-même à la *Bibliothèque Nationale*.

3. Lettre de M. de Horrack à Chabas, écrite de Londres le 29 décembre 1870.

4. Lettres de M. et Mme de Horrack à Chabas, de Paris, 7 mars 1871.

5. Lettres de Mme de Horrack à Chabas, du 20 et du 30 avril 1871.

incrustations d'or, que le marchand d'antiquités croyait
japonaise; M. de Horrack ne parvint pas à le détromper,
mais obtint la statuette à un prix très modéré, eu égard à
la valeur de l'objet[1]. Cette statue, qui représente Imhotep,
a été conservée par Mme de Horrack[2].

Quand l'ordre fut rétabli à Paris, Mme de Horrack alla
reconnaître l'état de son appartement de la rue de Châteaudun,
qui n'avait pas souffert pendant la crise; mais elle
instruisit Chabas des dégâts causés à l'église de la Trinité,
voisine de sa maison[3]. En juillet, elle alla à Londres rejoindre
son mari, qui devait y demeurer encore deux mois:
enfin, le 13 septembre, ils annonçaient à Chabas la fin de
leur exil et leur départ pour Paris[4]. M. de Horrack y reprit
ses occupations. Quant aux services qu'il rendit à l'égyptologie
pendant les derniers mois de l'année 1871 et la première
moitié de l'année 1872, ils consistèrent surtout en
recherches et copies de documents, à l'intention de Chabas,
qui préparait alors ses *Études sur l'Antiquité historique*.
Il s'en occupa si bien, avec le concours de Mme de Horrack[5],
que celle-ci, dans une lettre du 5 avril 1872, reprochait
amicalement à Chabas d'avoir interrompu leurs propres

1. « Lors de mon dernier séjour à Londres, j'y ai acheté une fort jolie
» statuette en bronze aux yeux incrustés avec de l'or, à peu près 15 centi-
» mètres de haut. C'est un scribe assis sur un siège, et ayant sur ses genoux
» un livre ouvert dans lequel est inscrit son nom [hiéroglyphes] »
(Lettre de M. de Horrack à Chabas, datée de Boulogne-sur-Mer, 6 mai
1871. Il se disposait alors à retourner à Londres après avoir fait une
visite à Paris pendant la Commune.)

2. Mme de Horrack a donné en 1903 au Musée Guimet la Bibliothèque
égyptologique de son mari, avec un moulage de la statue naophore du
Vatican.

3. Lettre du 19 juin 1871.

4. La joie du retour fut trop vite troublée par la maladie et la mort
de la petite Carrie Lockwood (lettres de Mme de Horrack à Chabas, du
11 et du 22 octobre 1871).

5. Voir *Bibliothèque égyptologique*, t. IX, p. cxvi, notes 2 et 3.

études[1]. Ces études furent encore interrompues par des voyages à Londres et en Allemagne; voyage d'affaires à Londres en février 1872[2]; voyage d'affaires en Allemagne en mars 1872[3]; voyage de vacances en Allemagne en août 1872; après un séjour à Lichtental[4] près de Bade, les voyageurs visitèrent Francfort, Coblenz et Bonn[5]. Enfin, une lettre du 27 novembre 1872 annonça à Chabas que le mémoire sur les stèles du Louvre, destiné à la troisième série des *Mélanges* et commencé depuis l'été de 1870, ne tarderait pas à être prêt: il fut envoyé à Chabas le 17 février 1873. M. Maspero critiqua quelques détails de ce petit ouvrage dans des lettres adressées au savant éditeur des *Mélanges* le 12 juillet et le 13 août 1873. Quant à M. de Horrack, il appréciait beaucoup les travaux de M. Maspero, tout en lui reprochant une certaine tendance à trop appuyer sur les erreurs que pouvaient contenir les travaux antérieurs de ses confrères:

... Pendant[6] notre séjour à Kissingen[7], je me suis amusé à comparer les traductions de M. Maspero (*Du Genre épistolaire, etc.*) avec celles de ses prédécesseurs.

1. « Ungrateful and short sighted mortal! You accuse me of neglecting » science, while you extol my husband who has made various researches » for you!... Not only has my instruction in Egyptian, but also in » German been totally set aside... When I ask « and my lessons? » the » reply is « I am looking out something for M̀ Chabas ».

2. Lettre de M. de Horrack à Chabas, du 7 février 1872.

3. Lettre de Mᵥᵉ de Horrack à Chabas, du 14 mars 1872.

4. M. et Mᵥᵉ de Horrack s'étaient attachés à Lichtental, et revenaient chaque année y séjourner quelque temps. Le souvenir de M. de Horrack s'y est conservé, si bien qu'une jolie fontaine, érigée en 1906 à Lichtental par le comité pour l'embellissement de la ville, porte le nom de *Fontaine de Horrack (v. Horrack-Brunnen).*

5. Lettre de Mᵥᵉ de Horrack à Chabas, du 23 août 1872.

6. Lettre de M. de Horrack à Chabas, du 16 août 1873.

7. M. de Horrack qui avait été assez souffrant au printemps de 1873, avait dû se rendre au mois de juillet aux eaux de Kissingen.

Elles contiennent certainement bien du nouveau et du bon, et
montrent le talent incontestable du jeune égyptologue. Mais, dans
bien des cas, les anciennes traductions me semblent avoir été rectifiées *à tort*, comme par exemple celle de Sallier I, 3/5 et suiv. ;
M. Maspero aura de la peine à prouver par l'analyse sa version.
Quoi qu'il en soit, je pense que, dans l'intérêt de la science vis-à-
vis des non-égyptologues qui ne connaissent guère les progrès
faits dans ces derniers temps, il aurait été plus sage de ne pas
appuyer constamment sur des traductions plus ou moins fautives
faites il y a 10 et 15 ans...

Bientôt M. de Horrack fut sollicité pour d'autres travaux.
Il écrivait à Chabas le 2 septembre 1873 :

... Je prépare une traduction anglaise de mes *Lamentations* pour
Mr Birch's *Translations of all the imp. Ass. et Eg. Texts*...

Cette traduction parut dans les *Records of the Past,
1st Series*, t. II, p. 117-126. Mais, dès l'année 1873, M. de
Horrack commençait à préparer un autre mémoire pour la
même publication[1] :

... Je suis occupé[2], dans ce moment-ci, d'une traduction anglaise
du *Shai-en-Sinsin* pour le docteur Birch. Plusieurs passages de
ce curieux texte sont obscurs pour moi. Pour rétablir la transcription donnée par M. Brugsch, j'ai cherché des variantes dans les
papyrus du Louvre, qui m'ont éclairé sur plusieurs points...

Vos précieuses notes[3] étaient si nombreuses, que je crains
d'avoir imposé à votre obligeance. Elles m'ont mis à même de
compléter la traduction du *Shai-en-Sinsin*. Je viens de l'envoyer
à M. Birch, ainsi qu'une traduction anglaise revisée des « Lamentations d'Isis, etc. »

1. Ce travail parut dans les *Records of the Past, 1re Series*, t. IV,
p. 119-128. M. de Horrack en publia une édition française en 1877,
sous le titre : *Le Livre des Respirations.*
2. Lettre de M. de Horrack à Chabas, du 8 novembre 1873.
3. Lettre de M. de Horrack à Chabas, du 1er décembre 1873.

Contribuez-vous à ce recueil de traductions égyptiennes et assy·
riennes[1] ? Je sais que vous n'aimez pas ce genre de publication.
J'aurais moi-même préféré publier le *texte hiératique*[2] du *Shai-en-
Sinsin* avec variantes et analyse. Le Louvre en possède quelques
bons exemplaires ; et si j'avais seulement le temps, je litho-
graphierais la belle copie qui est sous verre dans le cabinet de
M. Pierret...

M. de Horrack devait un peu plus tard publier le texte
hiératique du *Shai-en-Sinsin*. Mais l'année 1874 lui apporta
d'abord d'autres soucis. Mme de Horrack, qui depuis longtemps n'avait pas vu ses parents restés en Amérique, s'em-
barquait au Havre le 27 mars à destination de New-York,
avec sa fille May Lockwood et son oncle, M. Reed. Le trans-
atlantique *l'Europe*, qui les transportait, fut assailli, à peine
hors de vue des côtes de Bretagne, par une terrible tempête,
et dut au bout de trois jours demander secours au steamer
anglais *la Grèce*, de la *National-Line*, qui se rendait à New-
York. Ce navire parvint, en 24 heures d'efforts, après beaucoup de difficultés, à recueillir les passagers et l'équipage
de *l'Europe;* mais les bagages et l'épave durent être aban-
donnés, après des tentatives de sauvetage qui n'eurent
d'autre effet que de mettre en danger la *Grèce* elle-même[3].
Mme de Horrack n'arriva à New-York qu'après cinq jours
de retard ; et son mari exprima, dans ses lettres à Chabas,
du 9 et du 11 avril 1874, les inquiétudes qu'il avait res-
senties. Il fut seulement rassuré par un télégramme du
14 avril : *All safe here and well. Baggage lost*, qui l'aver-
tissait de l'arrivée des voyageurs à New-York.

---

1. *Records of the Past.*

2. Une autre lettre de M. de Horrack à Chabas, du 22 décembre 1873,
annonçait qu'il travaillait à la réalisation de ce désir, et qu'il avait
copié deux beaux exemplaires du Louvre.

3. Chabas traduisit et publia, dans le *Courrier de Saône-et-Loire* du
21 mai 1874, une lettre de Mme de Horrack, datée de Boston, 15 avril,
qui racontait ce naufrage.

Un mois plus tard, il annonçait à Chabas sa conversion
au spiritisme, sur laquelle il est nécessaire d'insister un peu,
car on remarque dans son ouvrage sur *Le Livre des Respirations* des signes de cette tendance nouvelle. Ses lettres
des 12, 15, 22 et 29 mai, 2 et 29 juin 1874, montrent son
zèle pour le spiritisme, et son désir d'y amener Chabas :

... J'ai assisté ' avec la famille Reed à *deux* séances données par
le médium anglais Williams dans les bureaux de la *Revue spi
rite*, n° 7, rue de Lille... Le sujet est tellement curieux et en rapport avec les croyances de nos anciens Égyptiens, que j'ai cru qu'il
devait vous intéresser. J'étais sur le point de vous en faire un long
récit, lorsque j'ai vu dans le *Petit Moniteur* un compte rendu
d'une de ces séances, lequel est très correct, quoique écrit par un
journaliste qui n'y croit nullement, à juger d'après la conclusion
qu'il en tire. Il se moque un peu des assistants ; mais il ne peut
nier la réalité du phénomène, qu'il tâche d'expliquer par la presti-
digitation, etc... Supposez un instant que le local n'y est pour rien,
que Williams obtient le même effet n'importe où et dans n'importe
quelle société. Vous pouvez le faire venir à Chalon et inviter une
douzaine d'amis qui sont tous des « unbelievers » ², choisir votre
cabinet de travail pour théâtre, etc., etc. Vous obtiendrez le même
résultat, c'est-à-dire vous verrez l'esprit de King, vous le toucherez
et il vous parlera. En Amérique. ces *experiments* ont été faits des
millions de fois. Presque tout le monde en a vu. Le spiritisme est
une religion et a ses églises. Mais, en France. l'immense majorité
des savants et des personnes bien élevées rejettent, *sans même
vouloir les examiner*, ces histoires de fantômes et de médiums,
qu'elles regardent comme de la superstition vulgaire. Cependant
le phénomène s'adresse aux sens d'une manière si directe et si
claire, qu'il est impossible de ne pas y croire. Je le considère
comme la preuve la plus évidente d'une vie après la mort... Évidemment, nous avons affaire ici à un habitant d'outre-monde, un
véritable [hieroglyphs], qui peut prendre un corps matériel et appa-

1. Lettre à Chabas, du 12 mai 1874.
2. Incrédules.

raître parmi les vivants sous la forme qu'il lui plaît de prendre. Je crois que les anciens Égyptiens en savaient bien plus long que nous. L'esprit porte dans sa main une espèce de lampe, avec laquelle il s'illumine. C'est un corps dur qui sonne, quand John frappe sur la table ou au plafond... Un des initiés m'a dit que John King avait été gouverneur de la Jamaïque sous Charles II..., qu'il avait commis de nombreuses atrocités qu'il n'a pas encore expiées.

Quand paraîtra un compte rendu plus scientifique à ce sujet, je vous l'enverrai... Ci-inclus la photographie de Williams avec l'ombre de John King, tenant à la main sa lampe phosphorique.

On voit quel changement s'était produit dans les idées de M. de Horrack, depuis le jour (2 janvier 1870) où il s'était amusé à prévoir les rapprochements que Lauth serait capable d'imaginer entre le magnétisme animal et spirituel, et les idées des anciens Égyptiens. Il reconnaissait bien lui-même combien il avait changé, et accueillait sans impatience les objections de Chabas, qui lui répondait le 13 mai 1874 :

... Ces effets sont connus depuis longtemps, depuis Robert Houdin et Hamilton, qui les donnaient pour ce qu'ils valent, c'est-à-dire pour des tours de passe-passe... Je m'en amuserais comme je me suis amusé et étonné de la seconde vue de Robert Houdin, miracle fait en plein jour devant 500 personnes, annoncé comme un tour, et que, malgré tout, un docteur-médecin, M. Serrand (en ce moment à la tête d'un hôpital homéopathique à Paris), et un ancien officier d'artillerie, élève de l'École polytechnique, ont hautement et publiquement reconnu comme un effet de magnétisme animal, de spiritisme, etc... *En est-il revenu un seul, de ceux qui sont entrés dans le cercueil?* Ah! s'il en revenait vraiment, que de choses du passé nous pourrions apprendre! Peut-être apprendrions-nous aussi quelques-unes des circonstances de l'Avenir... Mais soyez tranquille ; *de nihilo nihil!...* A la prochaine occasion, portez une lampe de poche, et au milieu de l'opération allumez-la; vous pourrez alors voir toutes les ficelles...

M. de Horrack ne se fâcha pas de l'incrédulité de son ami; mais il chercha de nouveau à le persuader, en lui écrivant le 15 mai 1874 :

Je vous remercie de votre longue dissertation sur mon « Spirit » ; mais elle ne m'a pas convaincu. Je me rappelle parfaitement le temps où, ainsi que vous, j'ai rejeté comme absurdes toutes ces histoires qui touchaient au merveilleux. Je n'y croyais pas, tout bonnement parce que cela me paraissait absurde comme étant contraire aux lois fixes de la nature. C'était là... une assez pauvre argumentation; car, après tout, rien ne prouve que nous connaissions toutes les lois de la nature... Votre *de nihilo nihil* me semble beaucoup trop absolu... Les manifestations spirites *existent*; il est impossible de les nier. L'antiquité les connaissait; elles se sont produites à toutes les époques... Ce sont des faits naturels dont la cause n'est pas connue; qu'elles soient contraires aux lois, dites fixes, de la nature, ne prouve rien, du moment que nous ne sommes pas sûrs de connaître toutes les lois... Vous reviendrez un jour de tout ce que vous avez dit à ce sujet dans votre « papyrus Harris[1] »...

... Est-ce que je vous ai dit[2] que je suis retourné voir le « Spirit » de John King ? Répétition des mêmes phénomènes. Séance extrêmement curieuse. J'ai concentré toute mon attention. C'est un *Khou* ou un *Sahou*, en un mot une apparition intelligente qui a le pouvoir de se matérialiser momentanément, à l'aide du fluide qu'elle tire du médium...

... Je vous envoie ci-inclus le récit de mon expérience spirite[3], ainsi qu'une lettre de ma femme que j'ai reçue ce matin, et qui contient une narration d'une séance spirite bien autrement intéressante que celle à laquelle j'assistais. Veuillez me renvoyer la lettre quand vous l'aurez lue. Vous pouvez faire l'usage que bon vous semblera de ces deux histoires spirites; mais ne vous en moquez pas trop, je vous en prie, car vous reviendriez un jour de TOUTES LES IDÉES ERRONÉES que vous avez à ce sujet... Les noms

1. Lettre de M. de Horrack à Chabas, du 15 mai 1874.
2. Lettre à Chabas, du 22 mai 1874.
3. Lettre à Chabas, du 2 juin 1874.

que vous trouverez mentionnés dans la lettre de ma femme exigent
une petite explication :

« Tallie » est sa petite fille Carrie, qu'elle a perdue il y a deux
ans et demi. « Charlie » and « Eddie » sont ses deux petits
frères [1]... ; « Carl », le nom de mon frère tué à la bataille de Sadowa. Ma femme ne l'avait jamais vu.

Tout cela vous paraîtra extrêmement étrange; et, en effet, c'est
difficile à croire sans l'avoir vu. J'ai étudié la question spirite depuis trois ans seulement; et, sans avoir jamais vu la moindre manifestation, j'étais convaincu par les ouvrages de Dale Owen que
cela devait être ainsi...

Chabas était plus difficile à convaincre; il exposa ses raisons de douter dans son article *Spirites et médiums*, dont
il envoya dix exemplaires à son ami. M. de Horrack répondit le 22 juin 1874 :

... L'article est très bien et très spirituellement écrit. Je l'ai envoyé à plusieurs personnes qui s'intéressent plus ou moins au spiritisme ; mais je parie que ceux qui y croient seulement un peu
n'en seront pas détournés en le lisant. Il n'est malheureusement
que trop vrai qu'on a imité quelques-uns des phénomènes du spiritisme, ce qui ne prouve pas que ces phénomènes n'existent pas.
On a bien imité votre vin de Bourgogne, et cependant le véritable
existe. Ensuite, dire qu'il n'y a rien là où nous ne voyons rien,
n'est pas précisément logique. Je ne désespère pas de vous convertir un jour malgré vous...

Le 30 juin 1874, M. de Horrack annonçait à Chabas le
retour de Mme de Horrack à Paris, et leur projet de se
rendre à Kissingen. Ils s'y trouvaient en effet au moment de
l'attentat contre le prince de Bismarck [1], et rentrèrent à
Paris au commencement d'août [2]. M. de Horrack y reprit ses

1. Tous deux morts à quelques années de distance de la fièvre scarlatine.
2. Lettre de M. de Horrack à Chabas, datée de Kissingen, 21 juillet
1874.
3. Lettre de M. de Horrack à Chabas, datée de Paris, 8 août 1874.

études égyptologiques, autant que le lui permirent ses
affaires et ses obligations mondaines; il écrivait à Chabas,
le 22 décembre 1874 :

... C'est une série de dîners à la maison¹ et en ville, de théâtres,
etc... Malgré cela, je suis parvenu à copier DEUX exemplaires du
Shai-en-Sinsin du Louvre, que je compte publier avec traduction
et analyse, aussitôt que je trouverai le temps de lithographier moi-
même les textes. Ce sont les deux beaux exemplaires qui sont sous
verre, nᵒˢ 3.126 et 3.291, si je me rappelle bien. J'ai découvert encore quelques fautes très graves dans la transcription de Brugsch,
et je crois qu'il ne sera pas inutile de publier en hiératique ce
texte intéressant...

Mais les affaires et les distractions mondaines lui lais-
saient toujours si peu de temps, qu'il s'écriait un peu plus
tard (13 mars 1875) :

... Impossible de travailler sérieusement ; aussi mon travail sur
le *Shai-en-Sinsin* n'avance-t-il qu'à pas de tortue. Mes heures de
travail sont si courtes et si peu rapprochées que je perds chaque
fois le fil de mes idées, et que c'est toujours à recommencer. J'espère que l'été me donnera un peu plus de loisir.
J'ai envoyé à M. Birch une traduction anglaise du *Shai-en-
Sinsin*, pour le quatrième volume des *Records of the Past*...

Une autre lettre à Chabas, du 21 avril 1875, mentionnait
l'apparition de l'ouvrage de M. Grébaut sur l'hymne à
Ammon-Râ, et l'accueil favorable fait à cet ouvrage.
A cette époque, M. de Horrack et M. Charles Reed, fils
de M. Reed qui se retirait des affaires, furent mis à la tête

---

1. L'égyptologie fut d'ailleurs parfois représentée à ces dîners. Une
lettre de Mᵐᵉ de Horrack à Chabas, datée du 27 novembre 1874, lui
racontait qu'elle avait invité MM. Zotenberg, Pierret, Lefébure, sur
lesquels elle comptait, et M. Grébaut, qui ne s'était pas encore engagé.

des maisons de Paris[1] et de Londres[2] de la Société Tiffany et Cie. Il en résulta un inventaire, une liquidation et des changements de livres[3] qui apportèrent à M. de Horrack un surcroît d'occupations toujours peu favorable aux études égyptiennes. Dès qu'il fut libre, il alla prendre un peu de repos à Lichtental, près de Bade, où il passa une partie du mois d'août 1875, et rencontra Leemans et sa famille[4]. Ce fut seulement à la fin de l'année 1875 qu'en adressant à Chabas ses souhaits tracés en fort belle écriture hiératique, il lui annonça que son mémoire sur le *Shai-n-Sinsin* était fini, et paraîtrait agrémenté d'une citation spirite. Mais il lui restait auparavant à lithographier lui-même les sept planches de texte hiératique des deux manuscrits du Louvre. Il travaillait à ces lithographies au mois d'avril 1876[5], en même temps qu'il s'occupait de l'arrangement d'un appartement nouveau, 45, rue de la Chaussée-d'Antin; il s'y installa définitivement en octobre, ayant passé à Asnières le printemps et l'été de 1876. Enfin, le 8 mars 1877, une lettre de Mme de Horrack, contenant une consciencieuse étude du nouveau roman d'Ebers, *Ouarda*, annonçait à Chabas que les lithographies seraient bientôt achevées; la publication parut en effet dans la même année 1877[6], et obtint auprès des égyptologues un succès bien mérité.

Chabas fut réduit à l'inaction, dès l'automne de 1877, par la cruelle maladie à laquelle il succomba le 17 mai 1882. La famille de l'illustre égyptologue avait confié son grand dictionnaire manuscrit à son disciple dévoué, et autorisé celui-ci à choisir dans les traductions inédites laissées par Chabas, celles dont la publication lui paraîtrait précieuse

---

1. 57, rue de Châteaudun.
2. 29, Argyll Street, London, W.
3. Lettre de M. de Horrack à Chabas, du 8 mai 1875.
4. Lettre de Mme de Horrack à Chabas, du 30 août 1875.
5. Lettre de M. de Horrack à Chabas, du 20 avril 1876.
6. *Le livre des Respirations*, librairie Klincksieck.

pour la science. C'est ainsi que M. de Horrack fut l'éditeur d'un dernier volume de Chabas, qu'il intitula *Choix de textes égyptiens*, et qu'il publia en 1883[1]. Lui-même ne publia plus de documents aussi importants que le Papyrus des *Lamentations* ou le *Livre des Respirations;* mais il continua à donner d'intéressants articles aux *Records of the Past*[2] ou aux *Proceedings* de la Société d'Archéologie biblique[3]; il continua surtout à s'intéresser aux progrès de l'égyptologie, en travaillant pour sa propre satisfaction, et aussi pour le bien de ses confrères, qui trouvèrent toujours auprès de lui le concours le plus amical[4].

En 1884, il avait quitté son appartement de la rue de la Chaussée-d'Antin, pour s'installer, 4, rue du Général-Foy, où il demeura jusqu'à la fin, et où Mme de Horrack demeure encore à présent. En 1886, au moment du mariage de sa belle-fille May Lockwood avec M. Louis Gélis-Didot, il acheta une villa à Maisons-Laffitte, la villa Laurina, où il devait mourir seize ans plus tard. Il y fit des séjours de plus en plus longs, jusqu'à y passer avec sa famille la moitié de l'année, heureux de pouvoir satisfaire son goût pour le jardinage, taillant ses rosiers et ses lauriers, ramassant les

---

1. A la librairie Klincksieck.

2. *Spoliation of tombs; — Inscriptions on the statues of Bak-en-Khonsou*, dans les *Records of the Past.* t. XII, p. 101-122.

3. *Hypocephalus in the Louvre*, dans les *Proceedings Soc. Bibl. Archæol.*, t. VI, p. 126-129, année 1884; — *Note on the d'Orbiney Papyrus, Proceedings*, année 1889; — *On the phonetic value of the sign* ⊏⊐, *Proceedings*, année 1894.

4. Nous avons personnellement éprouvé cette bienveillance, toutes les fois que nous sommes allé le voir pour causer avec lui de questions égyptologiques, et notamment lorsque nous avons eu recours à ses souvenirs pour écrire la notice biographique de Chabas. Et lorsqu'il eut appris que les suites d'un accident nous condamnaient pour quelque temps à l'immobilité, il prit la peine, âgé alors de plus de 80 ans, de gravir les quatre étages qui conduisaient à notre appartement, pour nous distraire de notre ennui en s'entretenant avec nous de nos études.

feuilles, etc.; il aimait, dit Mme de Horrack, chaque plante
de son jardin[1]. Peu à peu, il s'était déchargé des affaires de
la maison Tiffany et Cie, tout en gardant la signature de la
maison pour pouvoir rendre service en cas de besoin, ce qui
arriva souvent. La liberté dont il disposait alors lui permit
de réaliser en 1891 le rêve de toute sa vie, un voyage en
Égypte. Il partit avec Mme de Horrack et sa sœur, et M. et
Mme Binney, ses amis. Ils louèrent la dahabiyèh *Ida*, et
passèrent trois mois sur le Nil, dont ils visitèrent les rives
du Caire à Philæ, en prenant pour guide le livre de Miss
Amelia B. Edwards[2], *A thousand miles up the Nile*. Ils
rencontrèrent M. Wilbour et sa famille sur leur dahabiyèh
Les Sept Hathors, et M. Grébaut, alors directeur du Service des Antiquités de l'Égypte. Ils devaient conserver de
ce voyage « un souvenir inoubliable et des plus délicieux »,
suivant l'expression de Mme de Horrack : on comprend, en
effet, combien M. de Horrack était bien préparé pour jouir
de ce séjour de trois mois sur le Nil, et pour en faire jouir
ses compagnons. Les voyageurs repartirent pour l'Europe à
la fin de février 1892, passèrent deux semaines en Italie, et
rentrèrent à Paris le 17 mars 1892, après une absence de
quatre mois, jour pour jour. M. de Horrack avait alors près de
72 ans, mais devait longtemps conserver ses forces, grâce à sa
sobriété et à la régularité de sa vie. Ses matinées à Paris
étaient consacrées au Dictionnaire qu'il avait composé
d'après les principes de Chabas, et auquel il ne cessa de
travailler que lorsque ses forces l'abandonnèrent; à la campagne, il se contentait de lire les publications de ses confrères. Chaque jour, quelle que fût la température, il mar-
chait pendant deux heures. Il se couvrait peu, mangeait
modérément, ne buvait presque pas de vin. Il vivait beau-

---

1. Ces dernières pages sont écrites presque textuellement d'après les
récits de Mme de Horrack.

2. M. de Horrack était en correspondance avec Miss Amelia B. Edwards.

coup à la campagne, non seulement à Maisons-Laffitte, mais encore à Lichtental, où il retournait presque tous les ans, et occupait toujours le même appartement. Il allait aussi très fidèlement à Bayreuth applaudir les œuvres de Wagner[1].

En 1902, il sentit que ses forces déclinaient; alors il mit tous ses livres et tout ce qu'il possédait dans un ordre parfait, afin qu'aucune complication ne se produisit quand il aurait disparu. Au mois d'août, une crise de palpitations l'obligea à se mettre au lit. Nous venions alors de lui adresser une de nos petites études; il nous fit répondre qu'il pensait souvent à nous avec affection, et qu'il venait justement d'y penser, au moment où notre envoi allait lui parvenir. Pendant ces dernières semaines, dit Mme de Horrack, « il souffrait de grande faiblesse et fatigue, sentant ses » forces s'épuiser lentement. Il en parlait à nous tous, en- » semble ou séparément, nous exhortant à ne rien changer » dans notre vie, surtout à ne pas porter le deuil, et nous » priant de continuer à vivre comme d'habitude quand il ne » serait plus visiblement avec nous. Sa croyance dans la » vie future lui faisait considérer cette séparation comme » temporaire, et il renonçait à tout avec le même amour, » la même constance, la même fidélité et le même courage » qui ont toujours caractérisé sa vie... Pour lui-même, il » demandait que son corps fût incinéré, et qu'aucune lettre » ne fût envoyée après son décès... Le 5 octobre 1902, il » a passé doucement à la vie plus élevée, sans souffrance, » au milieu de tous les siens. » Mme de Horrack ajoute combien il fut toujours dans sa vie d'accord avec ses principes, ne disant de mal de personne, aidant tout le monde de son mieux, et donnant un exemple que sa famille n'oubliera jamais.

La belle bibliothèque égyptologique constituée par M. de

____

1. Il aimait beaucoup la musique, et était heureux d'entendre souvent ses filles, toutes deux musiciennes, et la belle voix de son gendre.

Horrack n'a pas été dispersée. Mme de Horrack l'a donnée, meubles et livres, avec un moulage de la statue naophore du Vatican, au Musée Guimet, que M. de Horrack avait visité avec intérêt pendant ses dernières années. Elle occupe maintenant une salle d'étude du Musée, et y conserve le souvenir de cet homme excellent, modeste autant que savant, qui aima la science d'un amour vraiment désintéressé, et en fut récompensé par les pures satisfactions qu'elle lui donna pendant sa vie.

NOTE

SUR UN HYPOCÉPHALE[1]

Les tombeaux de l'antique Égypte nous ont conservé une foule d'objets curieux, parmi lesquels ceux qui ont rapport aux cérémonies de la sépulture méritent surtout de fixer notre attention, à cause du jour qu'ils jettent sur les croyances religieuses. Grâce aux progrès rapides que la science du déchiffrement a accomplis depuis quelques années en France et en Angleterre, on peut, au moyen de l'interprétation des inscriptions qui couvrent presque tous les monuments de l'ancienne Égypte, préciser d'une manière certaine l'usage d'un grand nombre de ces objets dont la destination nous était restée obscure jusqu'ici. L'hypocéphale est de ce nombre. Mais, avant de passer à l'explication de l'exemplaire qui va nous occuper, il est nécessaire de jeter un coup d'œil rapide sur les rites funéraires de ce peuple original, et de dire un mot du grand principe qui y domine.

Dans son remarquable discours prononcé à l'ouverture du cours d'archéologie égyptienne au Collège de France[2], M. le vicomte de Rougé a eu le mérite d'appeler le premier l'attention du public sur la véritable croyance des anciens

---

1. Extrait de la *Revue archéologique*, 1862, 2ᵉ série. t. VI. p. 129-138; tirage à part in-8ᵉ de dix pages, chez Didier, 1862.
2. Voir le numéro du *Moniteur* du 2 mai 1860.

Égyptiens ; mais c'est surtout dans son savant travail sur le *Rituel funéraire*[1] que l'on trouve exposé, d'après des textes hiéroglyphiques très précis, le fond et la substance de la doctrine égyptienne. C'est là que cet éminent égyptologue a établi d'une manière décisive que cette doctrine repose tout entière sur la notion d'un Dieu unique, existant par lui-même dès le commencement, et s'engendrant lui-même éternellement, les autres divinités dont la mythologie égyptienne est remplie n'étant d'ailleurs que les attributs de cet être suprême personnifiés et symbolisés sous des formes particulières, qui prenaient des noms différents suivant les localités où on les adorait.

Une autre croyance non moins sublime se lie intimement au dogme fondamental, l'immortalité de l'âme[2], et c'est à ce dogme qu'a trait particulièrement l'usage des hypocéphales. Ce sont encore des documents originaux qui nous ont fourni des renseignements précis sur cette partie de la doctrine égyptienne, car les liturgies, les hymnes et les prières que contiennent les papyrus funéraires traitent non seulement des cérémonies de la sépulture, mais aussi de la destinée de l'âme après la mort. La réunion d'un grand nombre de ces textes formait un livre sacré que Champollion a nommé le *Rituel funéraire*, et dont un exemplaire plus ou moins complet était placé dans chaque sépulture. Nous en possédons de nombreuses copies, à l'aide desquelles le texte original peut être rétabli dans toute son intégrité. La haute importance de ce livre funéraire pour l'étude de la religion égyptienne est généralement reconnue aujourd'hui, et, dans ces derniers temps, le *Rituel* a été l'objet d'un examen ap-

1. *Études sur le Rituel funéraire*, etc., *Revue archéologique*, 1860, numéro de janvier et suivants.

2. Il faudrait plutôt dire : l'immortalité de l'homme. M. Chabas, à qui je suis redevable de plusieurs indications très utiles, m'a fait observer avec raison que l'immortalité du corps et même celle de l'ombre sont affirmées dans les textes aussi positivement que celle de l'âme.

profondi de la part de M. de Rougé, qui a commencé à
publier les résultats de ses investigations[1].

Pour obtenir l'immortalité, le défunt devait subir des
épreuves nombreuses et avoir été reconnu vertueux par
Osiris, juge suprême de l'Occident, l'enfer égyptien. Après
des pérégrinations accidentées, l'âme et le corps se rejoignaient
pour ne plus se quitter. « Son corps ne périra pas, et son
âme ne sera plus jamais séparée de son corps, » dit le *Rituel*
au chapitre 89[2], qui a pour titre : *Chapitre de réunir l'âme
à son corps dans la région funéraire*. La vignette qui accompagne ce texte représente la momie couchée sur le lit de
mort, et l'âme, sous la forme d'épervier à tête humaine, volant
vers elle et lui apportant la croix ansée, symbole de la vie.
La même idée se trouve illustrée dans les petits cénotaphes
du Musée du Louvre, où l'on voit le défunt, couché sur le
dos, accompagné de sa femme ou de sa sœur. L'âme, sous la
forme décrite plus haut, s'approche pour se réunir au corps,
qu'elle doit animer d'une nouvelle vie[3].

Cette doctrine proclame donc la continuation de la vie
après la mort ; mais, chose remarquable et bizarre, elle enseigne encore que cette nouvelle vie se fera dans le corps
même, que l'âme doit rejoindre à cet effet, comme nous
venons de le voir ; idée qui est confirmée par de nombreux
passages du *Rituel*, d'où il ressort clairement que le défunt
était censé se servir des membres de son corps comme s'il
était sur la terre. Cette croyance a dû conduire naturellement à la coutume d'embaumer les corps pour les conserver
intacts, et de les protéger avec soin contre toute espèce de
destruction. Pour atteindre ce but, les rois et les riches se
faisaient construire des hypogées ou souterrains qui défiaient

---

1. *Études sur le Rituel funéraire*, etc., *Revue archéologique*, 1860,
numéro de janvier et suivants.

2. Voir Lepsius, *Todtenbuch*, ch. LXXXIX, l. 7.

3. E. de Rougé, *Notice sommaire des monuments égyptiens du Musée
du Louvre*, p. 92.

à la fois les ravages du temps et les recherches des spoliateurs. D'énormes blocs de rochers cachaient l'ouverture des tombeaux, généralement creusés dans les montagnes ; un labyrinthe de couloirs, entrecoupés de puits, entourait la chambre sépulcrale qui renfermait le sarcophage, et la rendait inaccessible aux investigations des vivants. Dans cette pièce reposait la momie, étendue sur le lit funèbre, jusqu'à l'heure où l'âme devait s'y réunir. En attendant ce jour de résurrection, la chaleur vitale était censée être conservée dans le corps momifié par le moyen des formules mystiques prononcées lors des funérailles, et de certaines amulettes déposées avec la momie. A l'hypocéphale revient le rôle principal de cette importante fonction.

Le fac-similé reproduit dans la planche qui accompagne ce mémoire est une copie exacte d'un beau spécimen de ces sortes d'amulettes. D'excellentes notes ont été publiées sur cet objet intéressant de la croyance égyptienne par MM. Samuel Birch[1], F. Chabas[2] et Théodule Devéria[3] ; mais ces notes, éparses dans des ouvrages de diverse nature, ne sont guère accessibles au public en général ; nous avons donc cru rendre un service à la science en les résumant dans une étude spéciale, enrichie d'aperçus nouveaux que nous devons principalement à la bienveillance de M. le vicomte de Rougé.

On appelle hypocéphale un disque plat en carton, en toile ou en cuivre, sur lequel sont tracées à l'encre, ou gravées sur le métal, des vignettes et des légendes symboliques ; ces disques étaient placés dans les coffres funéraires sous la tête des momies. Le Musée du Louvre en possède de beaux spécimens que nous avons pu examiner de près, grâce à l'obligeance de M. Devéria. Ceux du *British Museum* ont été décrits par M. Samuel Birch, dans son excellent com-

1. *Unrolling of a Mummy*, etc., p. 13.
2. *Le Papyrus magique Harris*, p. 91.
3. *Voyages au pays des Mormons*, par M. Jules Remy, 2ᵉ vol., p. 463 [; cf. Th. Devéria, *Mémoires et fragments*, t. I, p. 195-201].

mentaire à un mémoire de M. Migliarini sur le déroulement
d'une momie à Florence. Ce savant a le premier reconnu et
expliqué, d'après les textes du *Rituel*, la valeur mystique
de l'hypocéphale.

L'exemplaire soumis aux yeux du lecteur appartient,
comme la plupart de ces disques funéraires, à la basse époque
de l'empire égyptien. Il est divisé en quatre compartiments
ou tableaux, dont deux sont opposés aux deux autres, comme
pour représenter les deux hémisphères célestes : l'hémisphère
supérieur, qui est au-dessus du monde terrestre, et l'inférieur,
qui est au-dessous. L'ensemble et les détails des scènes qui
composent ces quatre tableaux se rapportent tous à la résurrection ou à la nouvelle naissance après la mort. C'est l'idée
principale, qui est symbolisée ici plus particulièrement par
la course du soleil, image vivante de la génération divine.
La période humaine se trouve ainsi continuellement comparée à celle de l'astre solaire, dont les différentes phases
sont à leur tour personnifiées sous des types divins.

L'un des deux hémisphères porte en haut, dans un compartiment spécial, une petite légende qui paraît servir de titre
à l'amulette même. Nous commencerons donc par cette partie
de l'hypocéphale, c'est-à-dire par l'hémisphère inférieur ou
le ciel nocturne, d'où le soleil était censé être sorti pour
marquer le commencement du temps.

Voici d'abord la traduction de la petite inscription :
« Hypocéphale[1] d'Osiris[2] Tatu, la justifiée. »

1. 𓍢, ha, *derrière, dessous*, et substantivement *l'objet qui est
sous* (la tête). C'est l'hypocéphale, nommé d'après la *position* qu'il
occupe ; il a le déterminatif des objets sacrés ou divins 𓎛. A la place
de *ha*, la légende de l'hypocéphale de la momie de Florence porte
𓎛, *h'ep bes ker ape*, égal au groupe 𓆣 qui
se trouve dans le titre du chapitre 163 du *Rituel* et que M. Birch a
traduit avec raison par : « producteur de la chaleur sous la tête du
défunt, ou hypocéphale ». Cette expression sert principalement à ex-

Sur la première vignette, on voit l'âme justifiée du défunt en épervier à tête humaine, adorant une vache coiffée du disque et de deux plumes. Derrière l'âme est inscrit le signe ⳾, qui signifie l'*ombre*[3] ; dans les textes mystiques, l'ombre et l'âme sont distinguées l'une de l'autre. Les attributs dont la vache est couronnée font reconnaître en elle la déesse Hathor, dont elle est l'emblème ordinaire. Cette divinité avait le rôle important de mère céleste, et symbolisait l'hémisphère inférieur ou le ciel de la nuit ; c'est dans son sein que descendait le soleil pour en sortir le lendemain, après y avoir pris nouvelle naissance. En cette qualité, elle recevait sous la forme d'une vache le défunt arrivant à l'occident, et, sous ce type, elle prend souvent le nom de Noub. Ici, c'est l'âme du défunt qui demande à renaître dans le sein de la mère céleste. Les vignettes des chapitres 71 et 162 du *Rituel* représentent la figure de cette vache, et le texte qui s'y rapporte prescrit, comme nous le verrons plus loin, d'en placer au cou du défunt une image faite en bon or, et de la peindre aussi sur l'hypocéphale. Au chapitre 17 elle est appelée Meh-ur, l'Ut'a du soleil[4]. Ce symbole, écrit en égyptien

primer l'*efficacité* qui était attribuée à l'amulette. M. de Rougé a signalé une autre variante de la même formule, celle de *ur bes ha ape*, observée par lui dans les inscriptions circulaires des hypocéphales du Musée du Louvre, par laquelle ce savant a fait voir que la valeur phonétique ordinaire du signe est BES. Nous reviendrons plus loin sur l'explication que l'éminent égyptologue donne de ce mot. (Comparez E. de Rougé, *Étude sur une stèle égyptienne de la Bibliothèque impériale*, p. 114.)

2. Cette assimilation des défunts des deux sexes avec Osiris est un trait caractéristique de la croyance égyptienne, pleinement confirmé par les nombreux papyrus funéraires, qui appellent le défunt invariablement *Osiris un tel*, le justifié.

3. Chabas, *Mémoire sur les esprits*, dans le *Bulletin archéologique*, 1856, p. 44[; cf. *Œuvres diverses*, t. I, p. 86-87].

4. *Todtenbuch*, ch. XVII, l. 13.

ut'a, est l'œil mystique d'Horus, dont l'image
est figurée ici dans un disque qui remplace la tête d'une
déesse. C'est à la bienveillance de M. de Rougé que nous
devons les indications précieuses qui vont suivre sur le sens
mystique de la scène intéressante qui nous occupe.

Une stèle du Musée de Naples, publiée par M. Brugsch[1],
dit bien que les *deux ut'a* sont le soleil et la lune, mais
cette attribution ne se trouve que dans les basses époques;
plus anciennement, on y rattachait habituellement l'idée du
renouvellement d'une période, comme la pleine lune, les
équinoxes, le solstice, etc. Ici, l'œil mystique désigne l'accomplissement de la période de la résurrection, toujours
assimilée au renouvellement annuel et diurne du soleil; c'est
ce qu'indique la déesse Ut'a, qui tend le lotus, symbole d'une
nouvelle naissance, sur la vache, mère de ce nouveau germe
où l'âme renaîtra. Le dieu à corps d'épervier est une forme
d'Ammon générateur; il tient le bras avec le fouet dans
l'attitude consacrée, symbole mâle de cette même génération :
c'est pourquoi le serpent ithyphallique lui rend aussi l'Ut'a.
Ce serpent à tête d'épervier et à jambes humaines, est une
variante du même symbole, faisant allusion au pouvoir générateur. On voit donc, dans cette scène, d'un côté le principe
femelle, et de l'autre l'élément mâle, pour exprimer ensemble
l'idée de la génération éternelle.

Le second tableau montre le soleil dans sa barque, sous
la forme de *Noum-Ra*[2] à tête de bélier, type qu'il prend
ordinairement quand il traverse l'hémisphère inférieur du
ciel pendant les heures de la nuit. L'astre est accompagné
de six personnages divins, qui forment, pour ainsi dire, sa
suite, mais les fonctions ne sont pas encore bien déterminées.

1. Brugsch, *Géographie*, t. I, pl. 58, fig. 4.
2. *Noum* n'est qu'une forme d'Ammon; identifié avec le soleil, il
prend le nom de Noum-Ra ou d'Ammon-Ra.

Les textes les appellent les 〔 𓏥 〕, *Keti-u*[1], et, d'après le *Rituel*, leur rôle principal consistait à conduire et à protéger le soleil durant sa révolution diurne. M. Brugsch a fait observer que ces personnages sont en rapport avec les vingt-quatre divisions du ciel égyptien, dont chacune appartenait à une *heure* du jour ou de la nuit[2]. Le nombre et les noms des figures placées dans la barque changent, en effet, à chaque partie du ciel, dont le soleil était censé parcourir douze dans sa course diurne, et autant pendant la nuit. A la tête de ces dieux, on voit Horus perçant de son dard le serpent Apophis, qui cherche à arrêter la marche de l'astre solaire; c'est une allégorie à la puissance du soleil levant, qui dissipe les ténèbres par l'éclat de ses rayons. Un jeune enfant, portant le doigt à la bouche, est assis sur un piédestal placé sur la proue de la barque; nous y reconnaissons *Horus l'enfant,* appelé par les Grecs *Harpocrate,* d'après son nom égyptien. Symbole de l'enfance, il représente ici le soleil à sa naissance, c'est-à-dire le soleil levant. Le devant de la barque est orné d'une grande fleur de lotus, pour répéter cette même idée de la nouvelle naissance qu'on trouve souvent personnifiée par *Horus enfant,* sortant d'un bouton de lotus qui s'épanouit. Une seconde barque porte un cynocéphale assis dans sa châsse, autre symbole de l'Ut'a ou du parfait équilibre. M. Chabas pense que ce singe pourrait bien être le Kafi à crinière d'Aani, dont le Papyrus magique Harris donne une description détaillée[3], et qui représente Osiris échappé aux embûches de Set. Mais il est aussi l'emblème de Thoth, qu'il remplace très souvent quand ce dieu est identifié avec la lune. Devant le singe il y a une espèce d'autel, avec un vase à libation, et une fleur de lotus dont nous venons d'expliquer le symbolisme.

1. M. Chabas voit les nautoniers de la barque céleste (*Papyrus magique Harris,* p. 36).

2. Brugsch, *Monuments de l'Égypte,* 1ʳᵉ livraison, p. 18.

3. *Papyrus magique Harris,* pl. IX, lig. 1 et suivantes.

Dans le premier tableau de l'hémisphère opposé, on voit
d'abord un dieu à deux faces, la tête couronnée de deux
plumes, tenant dans sa main gauche une enseigne surmontée
d'un chacal. C'est Ammon, le dieu suprême de Thèbes,
identifié avec Ra, le soleil, sous le nom d'Ammon-Ra. Il
sous ce titre, toutes les qualifications qu'on attribue a
deux divinités, et représente, suivant M. Devéria, à la fois
le principe invisible et mystérieux d'Ammon, et le principe
visible et lumineux de Ra ; ou bien le principe double et
simultané de père et de fils. La barque contient l'arche
d'Osiris mort. Le scarabée, ayant d'un côté le nom d'Osiris,
de l'autre celui d'Isis, symbolise la procréation du nouvel
Osiris, de cet enfant qu'Isis reforma au moyen des débris du
corps démembré de son époux[1]. C'est le type le plus naturel
et le plus saillant, dans la mythologie égyptienne, de la
renaissance après la mort. D'autres exemplaires ont ici la
génération céleste et éternelle du soleil, représentée par la
déesse Nu, le ciel, se penchant, les bras bais   au-dessus
du scarabée, le principe masculin de la génération. Ces
symboles s'appliquent surtout à la reconstitution matérielle
de l'être. De l'autre côté du dieu bicéphale, un épervier,
déployant ses ailes au-dessus d'une barque, symbolise plus
spécialement la résurrection de l'âme. Au-dess 's de l'épervier
on remarque l'oiseau qui sert à écrire le mot   t, âme, et le
devant d'un bélier exprimant par synecdoche l'idée bélier,
autre symbole de l'âme. Le signe du pluriel accompagne
ces deux mots ; mais cette forme est souvent employée pour
exprim   le substantif même au singulier, ainsi qu'on le voit
dans   papyrus hiératiques.

Au second tableau, le soleil, sous l'image de Num-Ra à
quatre têtes de bélier sur un seul cou, reçoit les prières de
huit cynocéphales, dont quatre sont placés à droite, et quatre

1. Comparez Chabas, *Hymne à Osiris*, p. 12[; cf. Chabas, *Œuvres
diverses*, t. I, p. 108-109]. C'est à l'obligeance de ce savant que je dois
l'explication de ce symbole.

à gauche du dieu. Le sens mystique de l'ensemble de cette scène n'est pas encore bien éclairci ; nous pouvons cependant expliquer un détail important relatif aux cynocéphales. On savait que ces singes étaient consacrés à Thoth, l'Hermès des Grecs, mais leur identité avec les dieux *sesenu*, que le *Rituel* mentionne si souvent, n'a été prouvée que tout récemment par M. F. Chabas, dans son remarquable travail sur le Papyrus magique Harris[1]. Ce savant constate que ces huit dieux ⸝⸝ ○ 𓃟𓃟. ou bien ☰☰ ○ 𓃟𓃟, *sesenu*, sont en rapport étroit avec la ville de ⸝⸝ ○ ⊗ ou ☰☰ ○ ⊗, *Sesenu*, littéralement *la ville des huit*, que les Coptes ont nommée ϢⲘⲞⲨⲚ, et qui n'est autre que *Hermopolis Magna*, où Thoth, le grand Hermès, auquel les cynocéphales étaient consacrés, avait son temple principal. Num-Ra, à quatre têtes de bélier, représente, suivant M. Devéria, l'esprit des quatre vents ou quatre points cardinaux, l'âme du monde terrestre. Deux cartouches contenant des serpents et deux cérastes complètent le tableau.

L'inscription circulaire, qui se lit sans difficulté, constate que l'hypocéphale appartenait à la dame Tatu. En voici la traduction :

« O Ammon des Ammon[2], qui es au ciel d'en haut, dirige
» ta face vers le corps de ton fils Ra[3] : maintiens-le en bon
» état ; conserve-le[4] dans le Ker-neter[5] ; tourne ta face vers

1. *Papyrus magique Harris*, p. 15 et 91.

2. Jeu de mot évident avec le sens « amen », *mystère*.

3. Ammon est spécialement appelé père et roi des dieux. Ici le défunt est assimilé avec Ra, le soleil.

4. Dans ce passage, les deux verbes ⸝𓅭𓏤 *s-ut'a*, et 𓅃 ⟋ *mak* sont en parallèle. M. Brugsch a trouvé le groupe hiéroglyphique de *mak* du chapitre cxxv, 1. 62, du *Todtenbuch*, remplacé, à l'endroit correspondant du Rituel démotique de la Bibliothèque impériale, par *r-ut'a*, le copte ⲦⲞⲢ̄ⲬⲈ *liberare, serrare, sanare, conservare* (Brugsch, *Géographie*, t. I, p. 41).

5. 𓊹𓈌 , *ker-neter*, c'est le nom égyptien de la nécropole ou du

» le corps de ta fille Osiris, l'auguste, qui est dans la région
» funéraire, Tatu, la justifiée, fille de la dame Nes-Tafnut,
» la justifiée ; fais que la chaleur¹ soit sous sa tête dans la
» région funéraire ! »

Cette formule, qu'on trouve sur quelques-uns des monuments de ce genre, est tirée du *Rituel*, dont les chapitres
155 à 162 expliquent l'usage de plusieurs amulettes qui
devaient être déposées dans les cercueils. Voici la traduction
de la partie du chapitre 162, relative aux hypocéphales ;
elle est basée sur celle que M. Birch a donnée dans son
travail déjà cité sur la momie de Florence.

Le chapitre a pour titre : *De produire la chaleur sous la
tête du défunt*. A la huitième ligne du texte vient la mention
suivante :

« Paroles à prononcer sur une jeune vache, fabriquée en
» bon or, mise au cou du mort, et qu'on peint aussi sur un
» hypocéphale² (bien confectionné³?), placé sous sa tête.
» Une chaleur abondante existera alors en lui tout entier,

lieu dans lequel on déposait les morts. Les momies des Apis y furent
ensevelies dans des caveaux construits en belles pierres blanches. Le
ker-neter correspond aussi à la région céleste inférieure où les âmes devaient entrer après la mort.

1. ☐☐☐ *bes*, désigne la chaleur que l'hypocéphale était censé conserver et développer dans les momies. Ce mot a été l'objet d'une savante
dissertation de la part de M. de Rougé, qui l'a rapproché du copte
ⲟⲩⲱϭⲓ, *intumescere*. L'éminent égyptologue pense qu'il s'agit d'un principe de fermentation qui doit faire germer l'être humain et lui rendre
la chaleur vitale, comme il l'avait sur la terre dans sa première vie
(voy. E. de Rougé, *Étude sur une stèle égyptienne appartenant à la
Bibliothèque impériale*, p. 112).

2. Le terme ☐☐☐☐☐ *t'ama*, copte ϫⲱⲱⲙⲉ, *liber,
charta, columen*, nomme ici l'hypocéphale.

3. ☐☐☐☐ *maui*, mot dont le sens précis reste douteux. On le
trouve employé comme qualificatif d'une foule d'objets et de monuments, soit de pierre, soit d'étoffe, de bois, etc. L'idée *perfection, ache-
vement*, est celle qui convient le mieux à la plupart des cas.

» comme s'il était sur la terre. Tel est le très grand soin
» qu'a la vache déesse[1] pour son fils Ra, quand il se
» couche » . . . .

Le texte continue à la onzième ligne : « Paroles à pro-
» noncer par toi quand tu mettras cette déesse au cou du
» mort :

« O Ammon des Ammon, qui es dans le ciel d'en haut,
» dirige ta face vers le corps de ton fils ! conserve-le en bon
» état dans la région funéraire ! »

« Ce livre est le plus grand des secrets. Ne le fais voir à
» l'œil de personne ; c'est un crime de le connaître ; qu'il se
» cache celui qui le fait » . . . .

On voit que les ordonnateurs des funérailles de la dame
Tatu s'étaient exactement conformés, pour la confection de
l'hypocéphale, aux prescriptions du *Rituel*. La plupart des
cérémonies funéraires, les enveloppes diverses des momies,
les objets déposés avec les corps, les sujets peints, soit à
l'intérieur, soit à l'extérieur des cercueils, tout se rapportait
à différentes phases de la résurrection, telles que la cessation
de l'état de raideur cadavérique, le fonctionnement nouveau
de chacun des organes du corps, le retour de l'âme, etc.
— Nous venons donc de constater que le rôle des hypocéphales consistait à rétablir la chaleur dans le corps de la
momie.

Si les recherches qui précèdent ajoutent peu de données
nouvelles aux vues de mes devanciers, elles fourniront du
moins un bon spécimen des monuments de ce genre, et, sous
ce rapport, pourront ne pas être inutiles à une étude qui
tend à se populariser depuis que la chaire de Champollion
est occupée par son éminent disciple, M. le vicomte de
Rougé.

---

1. Hathor, qui présidait au ciel nocturne, dans lequel le soleil se
plonge tous les soirs.

HYPOCÉPHALE ÉGYPTIEN

(DEUX TIERS DE L'ORIGINAL)

Donné au Musée du Louvre par P. J. de Horrack.

LETTRE

à **M**. le Directeur de la « Revue archéologique »

A PROPOS

D'UN MOT ÉGYPTIEN

SIGNIFIANT *LA GAUCHE*

RÉCEMMENT SIGNALÉ PAR M. F. CHABAS[1]

MONSIEUR,

Dans un travail récemment imprimé à Chalon-sur-Saône[2], M. F. Chabas a soumis à révision la valeur des groupes ⸢⸣ et ⸢⸣. Champollion avait reconnu, dans le premier, l'expression de *la gauche*, et, dans le second, celle de *la droite;* mais M. Chabas me semble avoir démontré que ces valeurs sont inexactes, et qu'il faut voir *la gauche* dans le groupe où l'auteur de la Méthode voyait *la droite,* et réciproquement.

A ce propos, le savant égyptologue a signalé comme variante de ⸢⸣ le groupe ⸢⸣ *snh'*, qui, d'après

1. Publié dans la *Revue archéologique,* 2ᵉ série, 1862, t. VI, p. 368-369.

2. *Les Inscriptions des mines d'or,* etc. In-4ᵉ, Chalon-sur-Saône, J. Dejussieu. — Paris, B. Duprat[; cf. *Œuvres diverses,* t. II, p. 182-230].

ses déductions, désignerait aussi *la gauche,* et il a fait bien ressortir l'analogie de ce mot avec les termes hébreux, syriaques et arabes qui représentent la même idée. Cependant un renseignement bien curieux et bien précis, que nous fournit Hérodote, a échappé à son attention. Cet historien nous rapporte, en effet, au chapitre XXX du second livre, les faits suivants :

« En continuant à naviguer au-dessus de Méroé, vous
» atteignez le pays des transfuges égyptiens, dans un temps
» égal à celui que vous avez mis à vous rendre d'Éléphan-
» tine à la métropole des Éthiopiens. Ces transfuges portent
» dans leur langue le nom d'Ἀσμάχ, qui, traduit dans la nôtre,
» signifie *ceux qui se trouvent à la gauche* du roi[1]. »

Quelque défiance que l'on puisse conserver contre l'exactitude des Grecs en ce qui touche la langue égyptienne, il me semble impossible de ne pas reconnaître dans le mot Ἀσμάχ, se rapportant au côté gauche au dire d'Hérodote, la correcte transcription de l'égyptien, ⟨hiéroglyphes⟩, groupe susceptible d'une lecture identique et dont la signification se trouve parfaitement confirmée.

Veuillez agréer, etc.

J. DE HORRACK.

---

1. *Histoires* d'Hérodote, traduction de M. A.-F. Miot.

LE NOM ÉGYPTIEN DU CÈDRE[1]

Le bois appelé *asch*, [hiéroglyphes], par les Égyptiens est mentionné dans de nombreux textes antiques comme ayant eu une grande valeur et ayant servi aux travaux les plus précieux. M. Chabas, à la suite de recherches spéciales, a été amené à conclure que ce bois était le cèdre et non l'acacia, comme on l'avait pensé jusqu'alors[2]. Or, un passage de Diodore de Sicile, qui s'accorde d'une manière très remarquable avec un texte hiéroglyphique, semble confirmer pleinement les vues du savant égyptologue de Chalon. L'historien grec nous raconte, au liv. Iᵉʳ, ch. LVII, que le roi Sésoosis construisit un navire en bois de cèdre, de deux cent quatre-vingts coudées de long, doré extérieurement, argenté à l'intérieur, et qui était consacré à la divinité principale de Thèbes. Voici comment il s'exprime à ce propos :

Ἐναυπηγήσατο δὲ καὶ πλοῖον κέδρινον τὸ μὲν μῆκος πηχῶν διακοσίων καὶ ὀγδοήκοντα, τὴν δ' ἐπιφάνειαν ἔχον τὴν μὲν ἔξωθεν ἐπίχρυσον, τὴν δ' ἔνδοθεν κατηργυρωμένην· καὶ

1. Publié dans la *Revue archéologique*, 1864, 2ᵉ série, t. IX, p. 44-51 ; tirage à part in-8° de huit pages, chez Didier.

2. *Le Cèdre dans les hiéroglyphes*, dans la *Revue archéologique* 1861[; cf. Chabas, *Œuvres diverses*, t. II, p. 119-121].

τοῦτο μὲν ἀνέθηκε τῷ θεῷ τῷ μάλιστα ἐν Θήβαις τιμωμένῳ.

Ce précieux renseignement concorde d'une manière frappante avec l'inscription hiéroglyphique qui remplit la colonne latérale gauche de l'obélisque de Saint-Jean-de-Latran à Rome[1]. Je crois pouvoir en donner l'interprétation complète, grâce aux précieuses indications que m'a fournies M. Chabas, dont l'obligeant empressement égale le profond savoir.

On lit sur le monolithe :

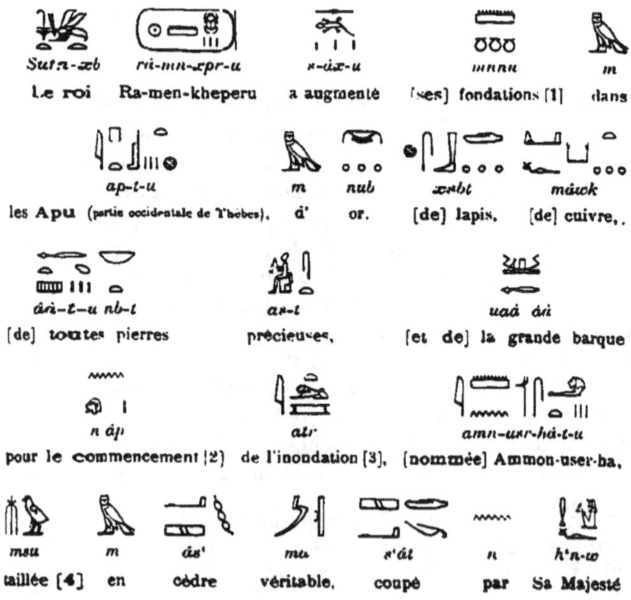

1. Voy. Ungarelli, *Obel. later., oriens.*

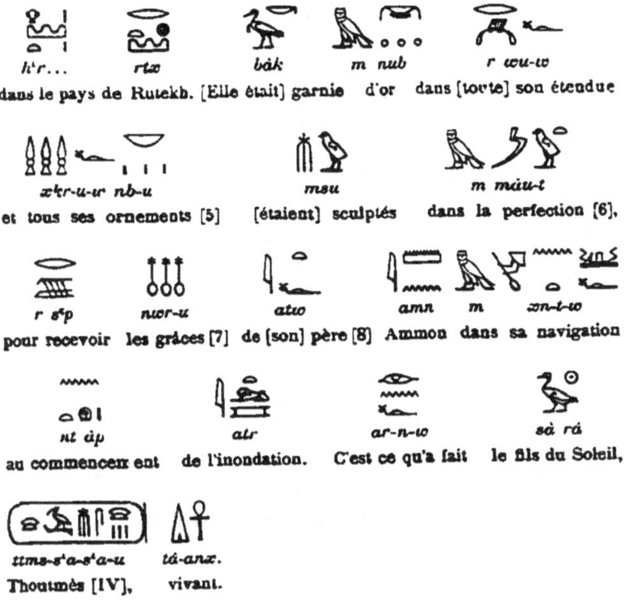

La traduction de cette phrase si simple présente néanmoins
des difficultés provenant de l'absence de plusieurs déterminatifs essentiels ; je la ferai donc suivre plus loin de quelques
notes analytiques.

En comparant les deux textes, on trouve qu'il est question,
dans l'un et dans l'autre, d'un navire de grande dimension.
consacré à Ammon, la principale divinité de Thèbes, et
construit en bois de cèdre, coupé dans un pays éloigné,
comme dit le texte égyptien : car. bien qu'on ne sache rien
autre chose du pays de Rutekh, il est évident qu'il
n'a été mentionné que pour faire ressortir le mérite de la
provenance étrangère de cette espèce de cèdre. Il faut re-

marquer en outre que le groupe ⌒, placé avant le nom de Rutekh, indique un pays éloigné, et de plus, très probablement, un pays de montagnes, par opposition au groupe ▰▰▰, « pays plat », qui n'est pas employé ici. L'origine étrangère du bois d'Asch de choix se révèle surtout par cette circonstance que les textes accolent souvent au nom de ce bois l'épithète MA, *vrai, véritable*. M. Chabas a cité le cèdre de Khentshe et signalé une circonstance caractéristique rapportée dans le récit du voyage qui fait partie du Papyrus Anastasi Ier. Dans ce précieux document, l'Asch est cité comme le plus élevé des végétaux d'une région qui ne peut être que le Liban. Toutes ces particularités conviennent, on ne peut mieux, au cèdre. Il en serait autrement de l'acacia, qui est au contraire très abondant en Égypte, où on l'employait à toute espèce d'usages vulgaires, entre autres, à la construction des barques ordinaires, servant au transport des marchandises[1]. Je ne puis, du reste, mieux faire que de renvoyer le lecteur à l'intéressant *Mémoire* de M. Chabas, cité plus haut, où se trouvent d'amples détails sur le rôle que jouaient ces deux bois dans l'industrie et les arts des anciens.

Diodore attribue la construction du navire au roi Sésoosis. On sait que c'est le même souverain que le Sésostris d'Hérodote, personnage quasi légendaire, sur la tête duquel les historiens grecs ont accumulé les faits remarquables ou glorieux que les interprètes leur expliquèrent tant bien que mal. Aussi, quoique le renseignement de l'obélisque concerne réellement l'un des Thoutmès, et non pas Ramsès II, le Sésostris des Grecs, Diodore aura pu le rapporter à son héros favori. Il se pourrait toutefois que Ramsès II ait eu l'occasion de reconstruire la barque sacrée d'Ammon, laquelle a dû jouer un grand rôle dans les pompes du culte de Thèbes. Une importante légende, que m'a signalée M. Chabas, montre qu'à la barque Amen-user-ha était attaché

---

1. Hérodote, II, chap. xcvi.

un sacerdoce spécial ; au temps de la reine Hatasu, un personnage nommé Senmut en était le prophète[1]. Ainsi, Thoutmès IV n'avait fait que remplacer une barque hors d'usage,
ou qui ne répondait pas aux goûts luxueux de ce pharaon.

Si l'on considère maintenant la concordance parfaite entre
les deux textes antiques, on ne devra plus hésiter à adopter
la signification *cèdre*, qui en ressort pour le mot hiéroglyphique ▭ , *as'*, ainsi que l'a proposé M. Chabas.

Voilà donc encore un renseignement d'un auteur grec
confirmé par les monuments, ce qui prouve que les traditions
classiques, et surtout les témoignages des Grecs, ne doivent
pas être négligés par les égyptologues.

NOTES SUR LE TEXTE HIÉROGLYPHIQUE

1. ▭ , MENNU. Le sens de ce groupe a été bien établi par
M. de Rougé (*Revue arch.*, 1847, p. 734) et par M. Birch
(*Sur une patère égypt.*, p. 17). M. Chabas le compare au
mot français *fondation*, qui s'applique à toute espèce de
libéralité pieuse d'un caractère durable.

2. ▭ et ▭. Ces expressions, qui précèdent le mot *atr*,
donnent lieu à quelques difficultés. En effet, l'hiéroglyphe
de la tête répond à l'idée *tête, chef, commencement, en
haut;* mais ce signe se groupe avec des préfixes et des
affixes, et forme ainsi des particules combinées, en rapport

1. Comparez Sharpe, *Egypt. Inscr.*, Series I, pl. 107, 18. On y lit .
▭ NTR 'HN N AMN-USR-HA SN-MU-T, *le
prophète de la barque Amen-user-ha, Senmut*. Cette légende lève toute
difficulté sur les groupes qui forment le nom de la barque.

de sens avec l'idée *sur, supériorité, éminence*. La préposition *sur, au-dessus*, est ordinairement exprimée par les formes antiques [hiéroglyphes] et [hiéroglyphes] ; cependant [hiéroglyphe] seul paraît remplacer quelquefois le groupe [hiéroglyphes] , conformément au génie de l'égyptien antique, comme par exemple dans la phrase [hiéroglyphes] *élevé sur le trône de son père sur* (?) *la terre, en seigneur unique*. La locution [hiéroglyphe] ou [hiéroglyphe] pourrait donc signifier à la lettre *de dessus, de sur*. J'avais d'abord choisi cette manière de voir, en traduisant « sur le Nil » ; mais tout me porte à croire que, dans les deux passages de notre texte, [hiéroglyphe] est employé comme substantif avec le sens *commencement*, et régi par les prépositions [hiéroglyphe] et [hiéroglyphe] . Un passage analogue de l'inscription de Bakenkhonsou offre une variante curieuse ; la tête y est remplacée par le signe [hiéroglyphe], qui représente une coiffure (voir Devéria, *Monum. biogr. de Bakenkhonsou*, p. 55 4/6[; cf. *Mémoires et fragments*, t. II, p. 288]). Quant à la valeur phonétique de la tête, la lecture *âp* est généralement adoptée, quoiqu'elle ne soit pas encore établie.

3. [hiéroglyphes] , *atr*. Ce mot possède des significations différentes ; il répond à l'idée générale de *fleuve* et désigne le *Nil* par excellence. (Voir Brugsch, *Géogr.*, I, p. 78 et Chabas, *Glossaire*, n° 13.) Ainsi, il était défendu de naviguer sur le Nil pendant certains jours du mois d'Athyr, de crainte des crocodiles (*Pap. Sallier IV*, 6/5 et 9/2). Le traité des Khétas (lig. 30) emploie le même mot dans la mention *des montagnes et des fleuves du pays de Khéta, des montagnes et des fleuves du pays d'Égypte*. M. Brugsch (*Géogr.*, III, p. 37) et M. Devéria (*Bakenkhonsou, Glossaire*, n° 68[; cf. *Mémoires et fragments*, t. II, p. 323]) ont proposé de voir aussi les *lacs des temples* dans le terme *atr*, et dans son récent ouvrage (*Recueil*, p. 5) le savant docteur de Berlin conjecture le sens *canaux*, en rappelant, à l'appui de son opinion, l'explication que donne Horapollon de la figure du

lion couché, qui entre ordinairement dans la composition
de notre groupe. En examinant le passage en question, je
trouve que l'auteur des *Hieroglyphica* dit, entre autres,
que le lion couché ⟐ désigne *la crue du Nil*. Cette
indication m'a fait penser que le type *atr* pourrait bien
être en rapport avec l'idée d'*inondation*, et c'est précisément le sens qui paraît convenir le mieux aux deux passages de notre texte. Il est intéressant de comparer avec
la mention de l'obélisque un passage de l'inscription de
Numhotep ainsi conçu : ⟐ *xn
h'b s'p atr-u pr spt*, la *fête de la navigation, la réception de
l'inondation, l'apparition de Sothis* (voir Brugsch, *Monuments de l'Égypte*, pl. XVII, 2, et page 24 du texte, où
l'éminent égyptologue a donné une interprétation analogue
à l'expression *s'p atr-u*, en la rendant par *fête de la crue du
fleuve*). Je crois reconnaître ici l'indication d'une fête qui se
célébrait lorsque l'inondation permettait de remplir d'eau
les lacs des temples et les canaux qui les joignaient au Nil.
Pendant cette fête, qui se nommait la panégyrie de ⟐,
Khen, ou de la navigation, les barques sacrées étaient sans
doute conduites en grande pompe jusqu'au fleuve, chargées
de l'arche d'Ammon et accompagnées du cortège des
prêtres. Il faut remarquer cependant que la fête de la navigation n'est connue que par le monument de Numhotep, qui
remonte à l'ancien empire. Si elle a survécu à la domination
des Pasteurs, elle avait probablement changé de nom.
Peut-être l'*Ape-atur* du siècle des Thoutmès est-il la même
chose que le *Shep-atur* du temps des Amenemha ; nous
aurions dans un cas le *commencement de l'inondation*,
c'est-à-dire la crue du Nil, qui remplissait les canaux et les
hydreuma des temples, et, dans l'autre, *la réception de
l'inondation* dans ces mêmes réservoirs. Le passage cité de
Diodore, ainsi que la légende de l'Obélisque de Saint-Jean-
de-Latran, nous fait bien comprendre le rôle des barques

sacrées dans cette fête. J'avoue que le sens attribué au groupe *ap-atr* exige d'autres preuves ; mais l'incertitude qui peut exister sur ce détail du texte n'a qu'un intérêt secondaire, et reste sans importance quant à l'objet spécial que j'ai en vue.

4. NSU. Ce mot, qui répond à une assez grande variété d'expressions, manque de déterminatif dans notre texte ; comme il s'y rencontre deux fois, l'acception spéciale de *tailler, sculpter*, en est manifeste. On savait déjà qu'il se disait de la taille des pierres ; notre texte montre de plus qu'il s'appliquait également au bois. Ce fait est utile à noter.

5. Le phonétique est *khaker*. Ce mot s'explique assez bien par l'idée générale *ornement*. Ce sens est du reste fourni par l'inscription de Rosette, qui fait usage du terme *s-khaker*, à la ligne 4 du texte hiéroglyphique pour le correspondant du grec κατεσκεύασεν, *adornavit*. Notre mot se disait aussi des incrustations de métaux ou de pierres rares ; mais son emploi n'était pas limité à ces acceptions, car d'autres monuments nous montrent dans les KHAKERU des ornements spéciaux, et il existe de fréquentes mentions du KHAKER du Soleil, qui est dit *couronner le front des rois*.

6. MAU-T. Ce groupe manque également de son déterminatif nécessaire. J'avais d'abord pensé qu'il s'agissait du mot *ma-t, granit*, écrit ordinairement ; mais, après un examen plus attentif, je crois reconnaître dans le groupe de notre texte le mot *mau*, qui est généralement employé, soit comme objectif, soit comme adverbe, avec le sens de *parfait, achevé, fini*. M. Brugsch a traduit ce mot par *neuf*, et par *rendre neuf* quand il est précédé de l's causatif (*Recueil*, p. 85). Ce sens ne me paraît pas prouvé ; il n'est certainement pas admissible dans un passage de l'intéressante inscription publiée à la fois par M. Devéria (*Monum. biogr. de Bakenkhonsou*, p. 20) et par M. Brugsch

(*Recueil*, pl. LI), où il est dit que Ramsès II fit achever
(*s-mau*) un temple commencé par son père Séti Ier. Il n'est
guère probable qu'il soit question ici de rendre neuf, c'est-
à-dire, de restaurer un édifice qui était, comme nous l'apprend le texte, en voie de construction lorsque le roi mourut.
Dans les nombreux passages où j'ai rencontré ce mot, l'idée
perfection, achèvement, fin, parait convenir tout aussi bien
que celle de *neuf.* A la ligne 4 du texte hiéroglyphique de
Rosette il est dit que le roi fit embellir le temple d'Apis par
des constructions exécutées *dans la perfection* (*n ma*), ce
que le texte grec a rendu par καὶ τὸ ἀπεῖον ἔργοις πολυτελέσιν κατεσκεύασεν. M. Brugsch lui-même a traduit le passage hiéroglyphique par : facta est (domus) splendida per sanctitatem
suam exstructione (aedificiorum) confecta *in pulchritudine*
(*Inscript. Rosettana hierogl.*, p. 12). Il est à regretter que
l'éminent égyptologue n'ait pas justifié la nouvelle valeur
qu'il donne à ce mot important par des exemples concluants
tirés des textes mêmes.

7. Les ↑↑↑, NWRU d'Ammon, *les perfections* ou *les grâces*
d'Ammon, c'est-à-dire la Majesté d'Ammon ou le dieu lui-
même enfermé dans son naos.

8. Les pharaons reçoivent ordinairement le nom de fils
du dieu auquel ils rendent hommage.

ZEITSCHRIFT

FÜR

ÆGYPTISCHE SPRACH- UND ALTERTHUMSKUNDE[1]

C'est sous ce titre que l'éminent égyptologue de Berlin
vient de créer un organe de publicité spécialement consacré
aux études égyptologiques[2]. Le but du savant docteur est non
seulement de faire connaître ses propres observations, mais de
rassembler, dans un « *journal* » à la portée de tout le
monde, les découvertes philologiques, archéologiques et
historiques qui se font continuellement dans le champ vaste
et fécond de l'égyptologie. Ces découvertes, en effet, ont
déjà puissamment contribué aux progrès rapides que cette
science a faits dans les dernières années; et, répandues à
l'avenir par ce nouveau moyen, elles promettent des résultats encore plus importants.

M. Brugsch invite les égyptologues à l'assister dans cette
tâche difficile, en lui communiquant soit en langue allemande, soit en langue française ou anglaise, les travaux de
toute nature qui sont le résultat de leurs études. La création
de cette publication mensuelle était certainement une
nécessité qui se faisait sentir depuis longtemps, et c'est

1. Compte rendu publié dans la *Revue archéologique*, 1864, t. IX,
p. 225-228.

2. Paraissant chaque mois par cahiers de une ou deux feuilles in-4°,
rédigé par le docteur Henri Brugsch.

ainsi que M. Brugsch a répondu aux vœux que formaient dans toute l'Europe les disciples de Champollion. Mais, pour vaincre les difficultés matérielles qui s'opposaient à une telle entreprise, difficultés causées principalement par le manque de types hiéroglyphiques, il a fallu toute la bonne volonté et toute la persévérance qui distinguent l'infatigable auteur de la *Grammaire démotique* et de la *Géographie de l'ancienne Égypte*.

Les cinq premiers numéros qui ont paru contiennent les derniers fruits de ses recherches : des dissertations pleines d'intérêt, enrichies de nombreux exemples hiéroglyphiques, des documents et des textes inédits, et en n un grand nombre d'articles consacrés aux comptes rendus et à la critique des ouvrages les plus récents relatifs à l'égyptologie.

Voici les points les plus saillants qui y sont traités par l'auteur; ils donnent une excellente idée du haut intérêt qu'offre le « journal » du savant égyptologue : *Listes nouvelles et inédites des nomes de l'ancienne Égypte. — L'Aphrodite étrangère à Memphis. — Les sources du Nil d'après les monuments antiques de l'Égypte.* Depuis la découverte récente des sources de l'ancien fleuve sacré, par les capitaines Speke et Grant, il est intéressant d'examiner les indications que nous fournissent, à ce sujet, les monuments pharaoniques. — *Les Groupes à Phallus dans les hiéroglyphes*, dissertation d'un intérêt philologique tout particulier, développée par le savant docteur, avec sa sagacité habituelle. — *Les Cadenas égyptiens et leur signification dans les hiéroglyphes.* C'est en Perse que M. Brugsch a constaté qu'on se sert encore aujourd'hui, dans ce pays, de l'antique cadenas en forme d'animal, employé par les anciens Égyptiens. — La valeur phonétique du signe représentant *une plume d'autruche*, etc.

Répondant à l'appel de M. Brugsch, M. Lauth, professeur à Munich, s'est empressé de publier dans son Recueil trois articles fort intéressants. M. Lauth, déjà connu dans le

monde scientifique pour avoir, le premier, constaté l'importance de la statue de Bak-en-Khensu, qui fait partie de la
Glyptothèque de Munich, explique l'inscription démotique
d'une momie, la valeur du signe de l'*Étoile*, et signale le
nom égyptien du fameux *Charon* de Diodore, qu'il croit
avoir reconnu dans les hiéroglyphes. D'autres savants imi-
teront prochainement, nous n'en doutons pas, le bon exemple qu'a donné M. Lauth.

Le journal de M. Brugsch offre donc tout ce qu'on pouvait
attendre d'un égyptologue aussi distingué, qui s'est élevé
au premier rang, et dont la réputation solide garantit le
succès d'un recueil devenu indispensable à tous ceux qui
s'intéressent aux études égyptologiques. Espérons que le
public érudit et tous les amis de la science donneront à
M. Brugsch les encouragements et l'appui qu'il mérite.

ÉTUDE SUR LA SÉRIE DES ROIS

inscrits à la Salle des Ancêtres de Thoutmès III

Par M. E. DE SAULCY. — Metz, F. Blanc, 1863, 1 vol. in-8°

ÆGYPTISCHE CHRONOLOGIE

EIN KRITISCHER VERSUCH

Von J. LIEBLEIN, Christiana, 1863, 1 vol. in-8° [1]

La chronologie égyptienne présente de grands problèmes qui pourront trouver un jour leur solution, grâce aux recherches incessantes des égyptologues, et surtout à la découverte de nouveaux monuments. En attendant des documents qui permettent de dissiper entièrement l'obscurité qui plane encore sur les dynasties pharaoniques, nous nous empressons de signaler aux archéologues les travaux récents de deux savants qui ont suivi des voies bien différentes pour arriver au même but. L'un, M. E. de Saulcy, a soumis à un examen très attentif la célèbre liste de la salle de Karnak, dite des ancêtres de Thoutmès III, conservée maintenant à la Bibliothèque impériale de Paris. Le travail de ce savant a pour objet le classement chronologique des groupes de car-

1. Compte rendu publié dans la *Revue archéologique*, 2ᵉ série, 1864, t. X, p. 309-311.

touches royaux qui sont rangés sur le monument dans des
séries généalogiques. Pour restituer les noms qui manquent
dans la liste de Karnak, M. de Saulcy a eu recours à d'autres
monuments, tels que la table d'Abydos, le canon hiératique
de Turin, etc., sur lesquels il s'appuie aussi pour corroborer
ses vues. A cette occasion, l'auteur nous fait connaître une
nouvelle série de noms royaux encore inédite. Elle consiste
en trente-quatre cartouches appartenant à seize rois et à
deux reines des XVIIe, XVIIIe et XIXe dynasties, gravés
sur une table à libations. Ce monument, qui n'est pas sans
importance pour la chronologie égyptienne, fait partie de la
collection du docteur Clot-Bey, que possède aujourd'hui le
Musée de Marseille, et il le livre à la publicité dans deux
planches qui accompagnent le Mémoire. Après une étude
approfondie de ces divers documents, M. de Saulcy arrive à
la conclusion que, si l'ordre rigoureux de la succession n'est
pas observé dans les listes monumentales, on doit au moins
y reconnaître une loi qui divise les familles royales par
groupes chronologiques ; puis il résume son travail par un
canon de toutes les dynasties égyptiennes. En récapitulant
la durée des dynasties, il arrive à l'an 4717 pour l'avènement de Ménès, et s'approche ainsi des chiffres proposés par
M. Brugsch, dans son *Histoire d'Égypte*.

M. Lieblein commence par examiner, sans les accepter,
les différents systèmes chronologiques de Bœck, Bunsen et
Lepsius. Il essaie ensuite d'établir un nouveau canon, en
prenant pour base les listes de Manéthon, telles qu'elles ont
été copiées par l'Africain et conservées par le Syncelle,
rédaction généralement considérée comme la plus pure dans
sa forme, la moins altérée, en un mot, la seule bonne. Arrivé à la XXVe dynastie, où les dates fournies par les stèles
du Sérapéum de Memphis sont en désaccord avec les chiffres de Manéthon, le savant Norvégien n'est pas embarrassé : il les fait concorder en supposant des règnes et
fractions de règnes simultanés. Cet expédient est simple ;

il peut même toucher à la vérité, mais jusqu'à présent il est
purement hypothétique et ne repose sur aucune donnée certaine. Parmi les identifications de quelques cartouches
royaux avec les noms des pharaons de la liste manétho-
nienne, celle de Thoutmès Sha-ma-ra avec le Chébron du
prêtre Sébennyte, semble être la plus heureuse. M. Lieblein
termine aussi son travail par un tableau chronologique,
mais il arrive à l'an 3893 pour l'avènement du roi Ménès,
c'est-à-dire à un an près de la date donnée par M. Lepsius,
tandis que, comme nous venons de le dire, M. E. de Saulcy
place le même fait à l'an 4717. De semblables divergences
dans les résultats des travaux d'hommes également sérieux
et érudits nous montrent que, malheureusement, nous sommes encore loin de toucher à la solution des derniers problèmes de la chronologie égyptienne. C'est ce que M. Brugsch
constatait dernièrement dans son précieux recueil intitulé :
Zeitschrift für Ægyptische Sprach- und Alterthumskunde[1],
en rendant compte d'un autre ouvrage publié aussi en 1863,
sur la chronologie égyptienne, par M. de Gumpach. L'auteur donne à cette occasion la liste suivante des dates
attribuées par les chronologistes modernes à l'avènement
de Ménès :

Champollion-Figeac........	5867	av. J.-C.
Lesueur...................	5773	— —
Böckh....................	5702	— —
Brugsch	4455	— —
Lepsius..................	3892	— —.
Bunsen..................	3623	— —
Gumpach.................	2785	— —
Poole...................	2717	— —
Wilkinson............ ...	2330	— —
Palmer..................	2224	— —

____

1. Août 1863, p. 19.

Les arrangements chronologiques des trois premiers savants de cette liste ne sont pas soutenables aujourd'hui, et ceux des derniers, qui représentent l'école anglaise, sont restreints sous la pression de l'importance que ces savants attachent à la chronologie sacrée ; car faire concorder les dates de la Bible avec celles des monuments semble être chose impossible. C'est donc dans les dates intermédiaires qu'il faut chercher la vérité, comme l'ont fait MM. E. de Saulcy et Lieblein.

MUSÉE ROYAL DE BERLIN, PAPYRUS ÉGYPTIEN Nº 1425, PARTIE HIÉRATIQUE

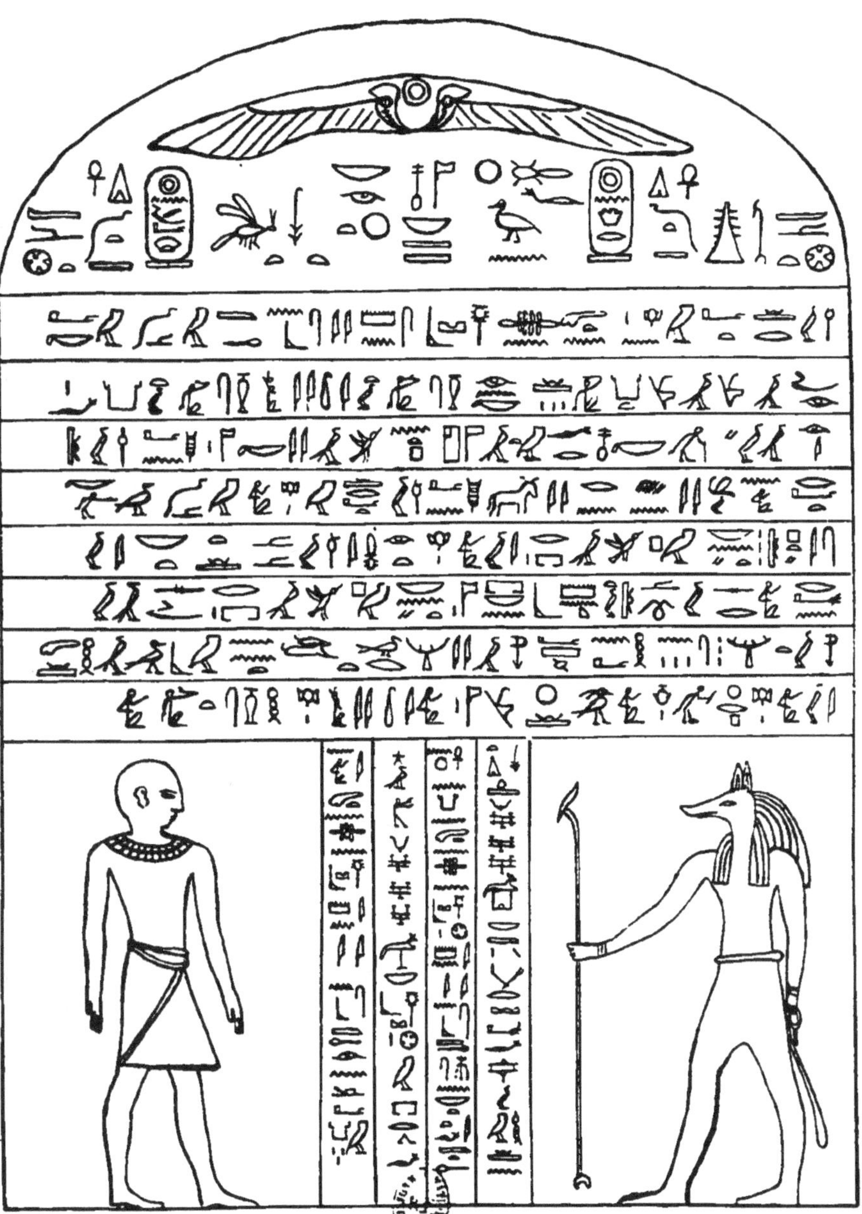

STÈLE C 11 DU LOUVRE

Pap. du Louvre N° 3284
(page 2)

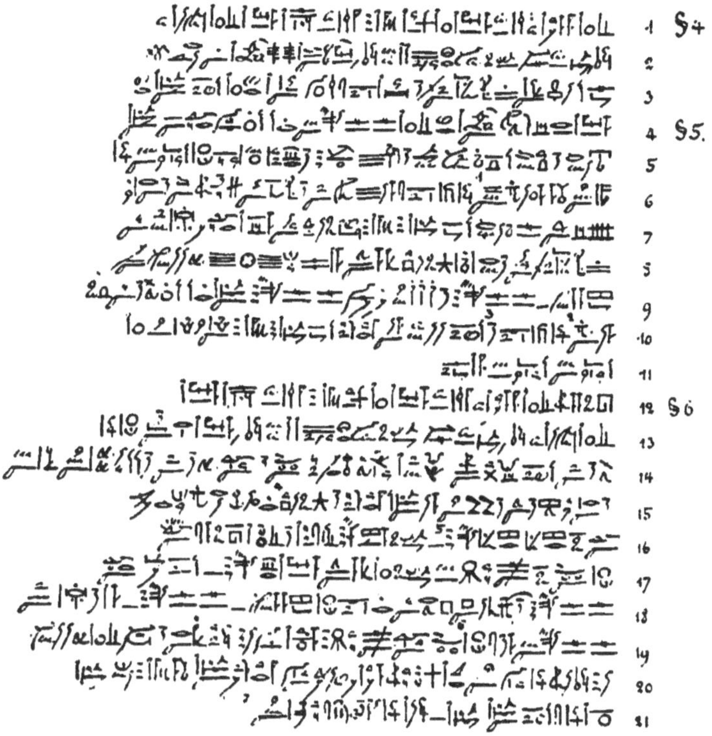

§4

§5.

§6

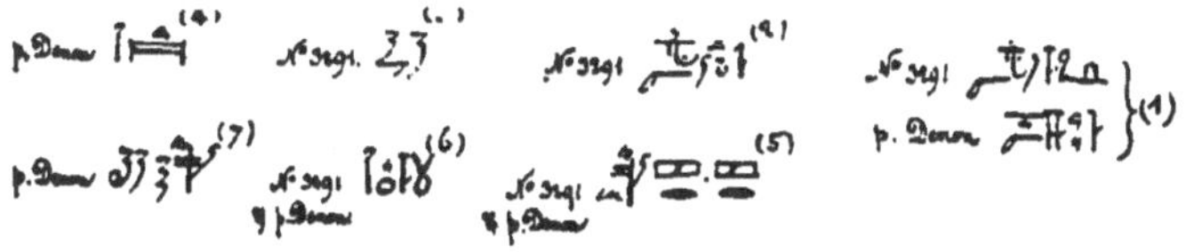

Pap. du Louvre N° 3284

(page 3)

1 §7
2
3
4 §8.
5
6
7
8 §9
9
10
11
12
13
14
15
16
17
18
19 §10.
20
21
22

Pap. du Louvre N° 3284
(page 4)

Pap. du Louvre Nº 3248
(page 5)

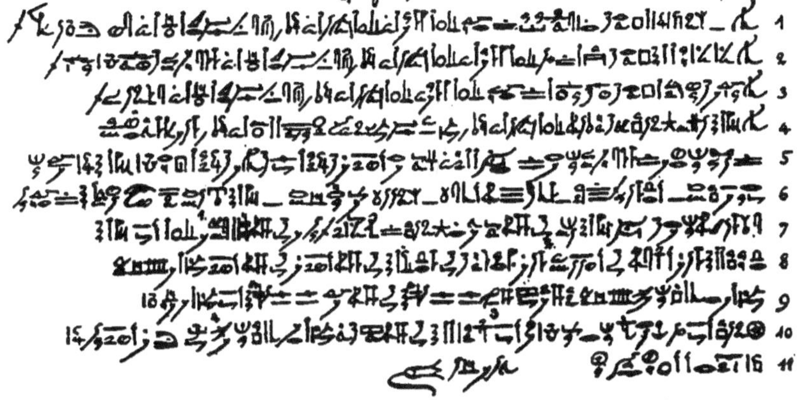

1
2
3
4 § 14
5
6
7
8
9
10
11

(page 6)

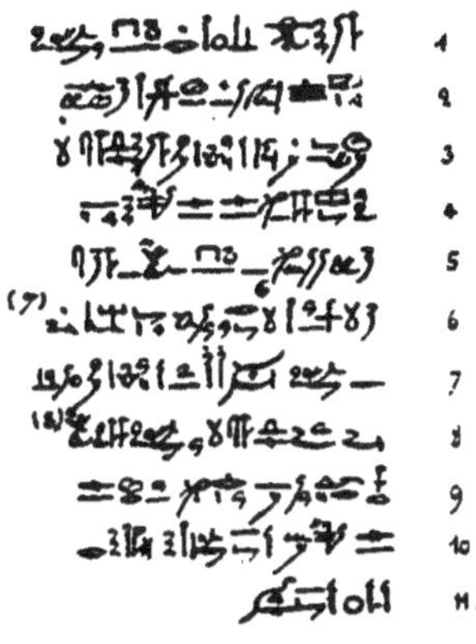

1 § 14 b
2
3
4
5
6
7
8
9
10
11

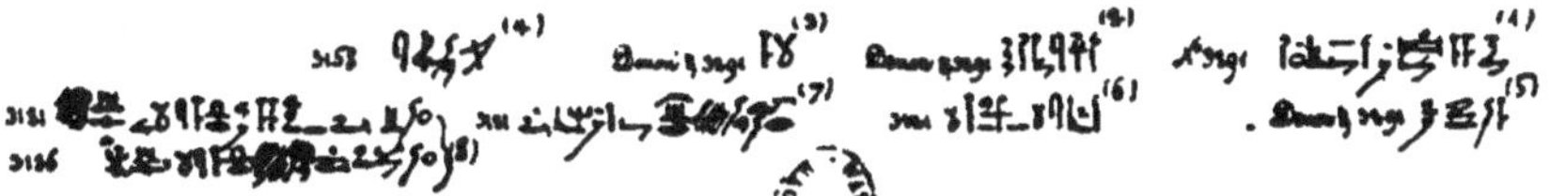

Pap. du Louvre Nº 3291

Pap. du Louvre N° 3291.

(suite)

au verso

LAMENTATIONS D'ISIS ET DE NEPHTHYS

d'après un manuscrit hiératique du Musée royal
de Berlin [1]

La riche collection des papyrus égyptiens du Musée royal
de Berlin renferme un manuscrit sur lequel l'attention des
égyptologues a été appelée plusieurs fois par M. le docteur
Brugsch. C'est le papyrus qui porte le numéro 1425. Il pro-
vient des ruines de Thèbes, où il fut découvert par M. Passalacqua, dans l'intérieur d'une statue représentant Osiris.
Sa longueur est de plus de cinq mètres sur quarante centimètres de haut. Il est divisé en deux parties bien distinctes.
La première, en écriture hiéroglyphique, contient des chapitres tirés du Rituel funéraire. La seconde, qui est l'objet
du présent travail, consiste en cinq pages d'une belle écriture hiératique de la basse époque (probablement du temps
des Ptolémées) et nous offre un document extrêmement curieux. C'est grâce à l'empressement obligeant de M. le professeur Lepsius, directeur du Musée égyptien de Berlin, et
aux facilités qu'il a bien voulu m'accorder, que j'ai pu en
prendre un calque d'après lequel a été exécuté le fac-similé
ci-joint.

1. Publié en fac-similé, avec traduction et analyse. Paris, librairie
Tross, 5, rue Neuve des Petits-Champs, 1866, — in-4°, 16 p. et 2 pl.

Notre texte se compose d'une série d'évocations et d'invocations, précédées d'un préambule et suivies d'une clause finale. Le préambule, qui remplit la première page tout entière, nous renseigne sur la nature et l'objet de ces formules, en expliquant très clairement qu'elles ont été récitées par Isis et Nephthys pour rendre la vie à leur frère Osiris, et qu'elles ont pour but la résurrection de la défunte à laquelle le papyrus est consacré. Nous avons donc affaire à ces fameux chants de deuil plus connus sous le nom de *Lamentations d'Isis et de Nephthys*. Les textes originaux en ont fourni des spécimens plus ou moins étendus; mais il n'en existe pas, à ma connaissance, de plus remarquable que celui du Papyrus de Berlin, surtout sous le rapport de l'élévation du langage et de la douloureuse éloquence de la plainte.

Au bas du manuscrit, on remarque un tableau divisé en trois scènes, où sont représentés les principaux personnages mentionnés dans le texte. De courtes légendes tracées auprès des figures indiquent leurs noms et leurs qualifications.

Le texte peut être considéré comme facile. Il contient néanmoins des passages qui présentent des difficultés. Si je suis parvenu à les résoudre, c'est grâce aux bienveillants conseils de M. F. Chabas, dont les travaux tiennent une place si éminente dans la science du déchiffrement des hiéroglyphes.

Je donnerai la traduction par sections, en faisant suivre chaque paragraphe de quelques courtes observations sur le texte, et d'une analyse succincte des mots nouveaux et des points douteux qu'on y rencontre. Je ne m'arrêterai pas aux expressions déjà étudiées et admises par les égyptologues; elles se trouvent, pour la plupart, dans les excellents glossaires que M. Chabas a ajoutés à deux de ses plus importants ouvrages[1].

---

1. *Le Papyrus magique Harris* et *Mélanges égyptologiques*, 2ᵉ série.

Quant à la portée mythologique des·lamentations, elle
touche principalement au double rôle, divin et terrestre,
d'Osiris.· C'est un sujet tellement difficile et la matière en
est si vaste, que je ne ferai que l'effleurer, en renvoyant,
pour de plus amples renseignements sur le culte et les
nombreuses formes du dieu, aux mémoires qui ont été publiés par MM. Birch[1], Lepsius[2] et E. de Rougé[3], et surtout à un savant travail de M. Chabas, qui a rassemblé
dans son « Hymne à Osiris[4] » les récits mythologiques et
cosmogoniques qui se rattachent à la personne d'Osiris.

C'est ici qu'il convient de dire que notre papyrus a déjà
donné lieu à um intéressant travail de M. Brugsch, qui, le
premier, en a reconnu l'importance[5]. Le savant docteur en a
traduit la deuxième page et le commencement de la troisième, mais sans donner le texte égyptien, qui cependant
était indispensable pour qu'on pût examiner et apprécier
les déductions ingénieuses que l'auteur avait tirées de son
interprétation.

PREMIÈRE PAGE
Préambule

[Ligne 1] *Invocations précieuses faites par les deux sœurs
divines* [l. 2] *dans la maison d'Osiris Khent-Ament[6],
dieu grand,* [l. 3] *seigneur d'Abydos, au mois de Choiak,
le vingt-cinquième jour.* [l. 4] *On fait de même dans toutes
les demeures d'Osiris* [l. 5] *et dans toutes ses fêtes, et cela*

1. *Egyptian Antiquities in the British Museum.*
2. *Ueber den ersten œgypt. Gœtterkreis.*
3. *Notices des Monuments égyptiens du Louvre* et *Études sur le Rituel funéraire,* etc.
4. *Revue archéologique,* XIVe année[; cf. Chabas, *Œuvres diverses,*
t. I, p. 95-139].
5. *Die Adonisklage und das Linoslied.*
6. Litt. : qui demeure dans l'Occident.

est avantageux à son âme, [l. 6] affermit son corps, répand la joie dans son être, [l. 7] donne le souffle aux narines, à l'aridité [l. 8] du gosier; cela satisfait le cœur d'Isis [l. 9] ainsi que [celui de] Nephthys; cela place Horus sur le trône [l. 10] de son père; cela donne la vie, la stabilité, la tranquillité à l'Osiris[l. 11]-Tentrut, fille de Takha-aa, [l. 12] qu'on surnomme Persaïs, justifiée. [l. 13] Il est profitable de faire ceci conformément aux divines [l. 14] paroles.

Ce paragraphe, qui forme le titre général du manuscrit, indique clairement que les invocations qui suivront ont été adressées par Isis et Nephthys à leur frère Osiris; qu'elles ont été la cause de sa résurrection, et que pour ce motif elles seront avantageuses et efficaces pour la défunte, la dame Tentrut, qu'elles animeront d'une vie nouvelle en lui rendant le souffle vital, et en faisant durer son corps, qui se trouvera ensuite doué de cette plénitude d'existence appelée ☥ *vie, stabilité, tranquillité* et aussi ☥ *vie, santé, force.* Ces formules semblent correspondre à l'idée de bonheur complet.

A la première ligne de notre texte, l'expression NAS SEχU désigne une *invocation, un appel* qui a été *avantageux, utile, profitable* à Osiris. Parmi les nombreuses acceptions du dernier mot, celles de *digne, glorieux, louable, avantageux, efficace,* tirées du dérivé que le copte a conservé dans ⲙⲟⲧ *dignus,* et ⲙⲟⲧⲙⲟⲧ *gloria, laus,* conviennent parfaitement aux différents passages de notre texte où ce mot se trouve employé.

Le 25 Choiak est indiqué comme ayant été le jour où Isis et Nephthys prononçaient à Pa-Osiris[1] les chants de

____

1. Cette dénomination, mot à mot *la demeure d'Osiris,* désignait plusieurs villes d'Égypte où ce dieu était vénéré, et plus particulièrement la ville de *Busiris.* Cf. Brugsch, *Géographie,* I, p. 24 et 253.

résurrection qui devaient rendre la vie à leur frère Osiris [1].
M. Chabas m'a fait observer que, par une singulière coïnci-
dence, le calendrier Sallier passe le 25 Choiak, en sautant
du 24 au 26, et que la légende du 26 pourrait bien être celle
du 25 [2]. Elle nous apprend que c'est un jour très heureux.
Isis et Nephthys étaient sorties et avaient accompagné Horus
dans les panégyries en acclamant joyeusement Osiris dans
Abydos. Commencée dans les larmes, la cérémonie finissait
dans la joie.

Le groupe ⟨hiéroglyphes⟩ KA, à la 7ᵉ ligne, qu'on trouve aussi
sous la forme ⟨hiéroglyphes⟩ NEKAU, se prend dans le sens de
privation, manque, déception, comme l'a démontré M. de
Rougé dans son explication de la stèle de Kouban [3]. On y
lit (ligne 11) BU AN-TU NUB HER SA-T(?) TEN MA NEKAU MU,
*on n'apportait plus d'or de ce pays à cause du manque
d'eau.* L'expression KA AHTI signifie donc un gosier qui ne
fonctionne plus, un gosier paralysé [4].

A la 11ᵉ ligne, le texte nomme la défunte : *Tent-rut, fille
de Takha-aa, surnommée Persaïs.* Son nom se retrouve
dans les légendes qui accompagnent les figures tracées au
bas de notre manuscrit, mais on ne le rencontre nulle part
dans la partie hiéroglyphique du papyrus dédiée plus particulièrement à sa sœur appelée *Ta-rut, surnommée Naïnaï, fille de Persaïs* [5].

1. Cf. aussi Brugsch, *Matériaux*, p. 93.
2. *Papyrus Sallier IV*, p. 12, 4.
3. Cours au Collège de France, année 1863.
4. Cf. *Todtenbuch*, ch. XXXVIII, 3; XLI, 3, etc.
5. Voir p. 5, lig. 7. Parmi les variantes graphiques que fournissent
les hiéroglyphes du nom évidemment étranger de *Persaïs*, celle de
⟨hiéroglyphes⟩ est la plus fréquente.

DEUXIÈME PAGE

Iʳᵉ Section

[Ligne 1] *Évocation d'Isis. Elle dit :*

Viens à ta demeure, viens à ta demeure, ô dieu An !
Viens à ta demeure ! [l. 2] tes ennemis ne sont plus. O ex-
cellent souverain, viens à ta demeure ! Regarde-moi. [l. 3]
Je suis ta sœur qui t'aime. Ne t'arrête pas loin de moi,
ô bel adolescent. [l. 4] Viens à ta demeure, vite, vite. Ne
m'aperçois-tu pas? Mon cœur est dans l'amertume à cause
de toi ; [l.5] mes yeux te cherchent. Je te cherche pour te
voir. [l. 6] Tarderai-je à te voir ; tarderai-je à te voir, ô ex-
cellent souverain ; tarderai-je à te voir? [l. 7] Te voir, c'est
le bonheur ; te voir, c'est le bonheur ! O dieu An, te voir,
c'est le bonheur ! Viens à Celle qui t'aime. Viens à Celle qui
t'aime, [l. 8], ô Ounnefer, justifié. Viens à ta sœur. Viens
à ta femme. [l. 9] Viens à ta femme, ô Ourthet ! Viens à
ton épouse. Je suis ta sœur par ta mère. [l. 10] Ne te sé-
pare pas de moi. Les dieux et les hommes [tournent] leurs
faces vers toi pour te pleurer [l. 11] tous à la fois, depuis
qu'ils me voient [l. 12] poussant des plaintes jusqu'au*
haut du ciel ; et tu n'entends pas ma voix. [l. 13] Je suis
ta sœur qui t'aime sur la terre; personne autre ne t'a aimé
plus que moi (ta) sœur, (ta) sœur.

Cette belle évocation se réfère à la recherche que fit Isis
de son frère Osiris.

Ce sont bien là des cris d'une grande douleur; il y a une
certaine énergie dans ces répétitions de la même plainte,
du même appel affectueux.

La première ligne commence par le groupe [hiéroglyphe] A, gé-

---

1. Litt. : t'appelant dans les larmes.

néralement employé comme interjection *ô*. Ici il est substantif et doit se traduire par *cri, évocation, invocation.*

Le formule ⸢hieroglyphs⸣ *viens à ta demeure*, se répète
très souvent dans notre texte. M. Brugsch[1], en lisant MAA-
R-HRA et MAA-N-HRA, a cru y reconnaître l'origine du mot
manéros, qu'Hérodote et Plutarque nous ont conservé
comme ayant été le nom d'une chanson des anciens Égyptiens. Cette conjecture est basée sur l'ancienne prononcia-
tión HR du signe ⸢hieroglyph⸣ qui entre dans la composition de
notre groupe. Avec la nouvelle lecture PR et PA, signalée
par M. Brugsch lui-même[2], la formule devient MAA-R-
PA-[R] et ne paraît plus représenter les éléments du mot
manéros.

Le titre de dieu *An*, sous lequel Osiris est invoqué, se
rencontre au chapitre 89 du Rituel funéraire[3], où le défunt adresse à *An* la prière de réunir son âme à son corps
dans la région funéraire.

Je crois que le groupe AHI, à la deuxième ligne, est fau-
tif, et qu'il faut lire ⸢hieroglyphs⸣, un des titres d'Osiris, qui
revient plus loin dans des passages analogues.

Le mot ⸢hieroglyphs⸣ AB, à la troisième ligne, signifie *s'arrêter,
cesser, tarder*, et se retrouve dans notre texte à la quatrième
page, lig. 2 et 11, et à la cinquième page, lig. 6, où ce sens
convient parfaitement. Voici un beau passage du Rituel qui
en fournit un excellent exemple : *Que je voyage de même,
et je voyage*, AN AR-A AB MA HEN-K RA, *je ne m'arrête pas,
semblable à ta sainteté, ô soleil*[4].

Le groupe ⸢hieroglyphs⸣, T'ER-A, à la ligne suivante, est une
variante de ⸢hieroglyphs⸣ HER-A, *sur l'acte, à l'instant.*

1. *Die Adonisklage und das Linoslied*, p. 24.
2. *Nouvelles Recherches*, etc., p. 1.
3. Lepsius, *Todtenbuch*, ch. LXXXIX, 1.
4. Lepsius, *Todtenbuch*, ch. XV, 11.

On trouve ensuite la phrase HET-A HER S'ENU-TU, *mon cœur est triste.*

Cette expression s'est conservée dans le copte ⲙⲉⲛϧⲏⲧ, *tristis, tristitia*, qui rend facilement la locution égyptienne[1].

La phrase AN-NENNAÏ-A MAAK, à la cinquième ligne, m'a beaucoup embarrassé. M. Brugsch a cru y lire le nom de la défunte *Naï*[2], mais cette conjecture ne m'a pas paru acceptable. Je dois la solution de la difficulté à l'obligeance de M. Chabas. Le savant égyptologue doute qu'on puisse admettre ici le nom de Naïnaï, et croit plutôt qu'il faut reconnaitre, dans le groupe [hiéroglyphes], le verbe *négliger, tarder*[3], qui reçoit ordinairement pour déterminatif le signe [hiéroglyphe] supprimé ici par le scribe, ou confondu avec [hiéroglyphe][4]. Le terme NENNAÏ est précédé de la particule [hiéroglyphe] AN, qui constitue une forme interrogative[5]. Je traduis donc : Tarderai-je à te voir ?

J'ai rendu par épouse l'expression égyptienne [hiéroglyphes] NEB-T PA (lig. 9), à la lettre : *maîtresse de maison.* C'était le titre de la femme légitime, de la matrone.

La locution M SEP UA, (lig. 11) *à la fois*, est analogue à [hiéroglyphes] M BU UA, *en un seul lieu, ensemble.*

Au-dessous de cette section commence la première scène du tableau, qui s'étend jusqu'à la quatrième page. Elle représente, suivant les légendes qui sont tracées auprès des

---

1. *Papyrus d'Orbiney*, p. 5, lig. 4, expliqué par M. de Rougé dans son cours au Collège de France.

2. *Die Adonisklage*, etc., p. 23.

3. Chabas, *Papyrus magique Harris*, glossaire, n° 430.

4. Nous verrons dans le cours de ce travail que le copiste a commis plusieurs erreurs qui prouvent, jusqu'à l'évidence, qu'il ne comprenait pas suffisamment le texte qu'il copiait.

5. Chabas, *Mélanges égypt.*, 2ᵉ série, p. 265 et 272, et *Zeitschrift*, 1864, p. 87.

figures : *Osiris-Khent-Ament, dieu grand, seigneur d'A-bydos*, recevant l'offrande funéraire de l'*Osiris-Tent-rut, fille de Persaïs, justifiée*, et de sa sœur, l'*Osiris-Ta-rut, fille de Persaïs, justifiée*. Les deux sœurs sont précédées d'*Isis la grande, la déesse-mère*, et suivies de *Nephthys, la fille divine.*

TROISIÈME PAGE

II' Section

[Ligne 1] *Évocation de Nephthys. Elle dit :*
O excellent souverain, [l. 2] *viens à ta demeure. Réjouis-toi, tous tes ennemis sont anéantis.* [l. 3] *Tes deux sœurs sont auprès de toi, en sauvegarde de ton lit funèbre,* [l. 4] *à t'appeler en pleurant, toi qui es renversé sur ton lit funèbre.* [l. 5] *Tu vois [nos] tendres sollicitudes, parle-nous,* [l. 6] *ô chef suprême, notre seigneur. Détruis toutes les angoisses qui sont* [l. 7] *dans notre cœur. Tes compagnons* ¹, *qui sont les dieux et les hommes, lorsqu'ils te voient, [s'é-crient] :* [l. 8] *A nous ta face, ô chef suprême, notre seigneur ; la vie pour nous* [l. 9] *c'est de voir ta face ; que ta face ne se détourne pas de nous ;* [l. 10] *la joie de notre cœur est de te contempler, ô souverain ; notre cœur est heureux* [l. 11] *de te voir.*

Je suis Nephthys, ta sœur, qui t'aime. Ton ennemi [l. 12] *a succombé ; il n'existe plus. Je suis avec toi en sauvegarde de tes membres* [l. 13] *à perpétuité et éternellement.*

Ce paragraphe rappelle la scène bien connue de la momie étendue sur son lit funèbre, auprès duquel se tiennent, dans l'attitude du deuil, Isis et Nephthys, veillant sur le défunt et se lamentant, « *comme elles l'ont fait,* disent les légendes, *pour leur frère Osiris* ».

1. Ton escorte.

Le mot NEMMA-T, à la troisième ligne, est
déterminé par l'image d'un lit funèbre en forme de lion,
qui en fixe le sens.

A la septième ligne, on voit un groupe dans lequel je suis
porté à reconnaltre le mot S'ENTI-U, *compagnons*, quoique
le déterminatif de la *femme* dont il est suivi semble amener
tout naturellement le sens *sœurs* avec la lecture SENTI-U.
Mais le contexte exige l'interprétation que je propose ; elle
est d'ailleurs appuyée par une phrase presque identique
qu'on rencontre à la page 5, lig. 10, où le même groupe a
pour déterminatif le signe des gens distingués. Je m'explique l'erreur du copiste par la fausse lecture du signe
initial cursif de notre groupe, qui représente à la fois les
formes hiéroglyphiques S'EN et. Le groupe par lequel
l'idée *deux sœurs divines* est exprimée dans notre texte
a, du reste, son orthographe spéciale. A la fin de la phrase,
le verbe *s'écrier* est sous-entendu[1].

Le mot KESEM, à la neuvième ligne, veut
dire *détourner, se détourner, se mettre à l'écart*[2].

A la onzième ligne, on lit : *Les ennemis ont succombé;
il n'existe plus*. Le substantif a pris ici abusivement la
marque du pluriel sans que la phrase ait cessé d'être au
singulier[3]. Il faut donc traduire : *Ton ennemi a succombé*, etc.

La section suivante exprime la joie d'Isis, qui revoit
Osiris sous sa forme lunaire. Ce n'est plus une évocation,
c'est une invocation ou une sorte de litanie.

1. Cf. Chabas, *Inscription d'Ibsamboul*, p. 732 [; cf. *Œuvres diverses*,
t. I, p. 45-46].
2. *Papyrus Sallier II*, p. 10, lig. 1 et 5.
3. Cf. *Papyrus magique Harris*, p. 1, lig. 5.

QUATRIÈME PAGE

IIIᵉ Section

[Ligne 1] *Invocation d'Isis. Elle dit :*
O dieu An, tu brilles pour nous, au ciel, chaque jour.
[l. 2] Nous ne cessons plus de voir tes rayons. Thoth est
pour toi en sauvegarde; il élève ton âme [l. 3] dans la
barque Ma-at, en ce nom, qui est le tien, de dieu Lune. Je
suis venue pour te contempler; [l. 4] tes beautés sont au
milieu de l'œil sacré [1], en ce nom qui est le tien, de sei-
gneur de la panégyrie du sixième jour. [l. 5] Tes compa-
gnons sont auprès de toi; ils ne se séparent plus de toi. Tu
t'es emparé du ciel par la grandeur des terreurs [l. 6] que
tu inspires, en ce nom qui est le tien, de seigneur de la pa-
négyrie du quinzième jour. Tu nous illumines [l. 7] comme
Ra, chaque jour; tu brilles sur nous comme Atoum [2].
Les dieux et les hommes vivent [l. 8] parce qu'ils te voient.
Tu rayonnes sur nous, tu éclaires les deux mondes. Le
double horizon sans cesse te livre passage. [l. 9] Les dieux
et les hommes [tournent] leur face vers toi; rien n'est nui-
sible pour eux quand tu brilles. [l. 10] Tu navigues en haut
du ciel et ton ennemi n'existe plus.

Je suis ta sauvegarde chaque jour. Toi qui viens à nous
en fils [l. 11] aîné de l'éternité, nous ne cessons plus de te
contempler. Ton émanation rehausse l'éclat des étoiles de
Sahou [3] au ciel, [l. 12] en brillant et en disparaissant
chaque jour.

Je suis la divine Sothis derrière lui; je ne me sépare
pas de lui.

1. L'uťa ou l'œil sacré désigne ici le disque de la lune.
2. Le soleil couchant.
3. Orion.

CINQUIÈME PAGE

[Ligne 1] L'émanation sainte qui sort de toi fait vivre les dieux et les hommes, les reptiles et les quadrupèdes. Ils vivent par elle. Tu viens à nous de ta retraite, à ton temps, pour répandre l'eau de ton âme, [l. 2] pour prodiguer les pains de ton être, afin de faire vivre les dieux et les hommes aussi. O divin seigneur ! Il n'est pas de dieu semblable à toi. Le ciel a ton âme, la terre a tes dépouilles, le ciel inférieur est en possession de tes mystères. [l. 3] Ton épouse te sert de sauvegarde, ton fils Horus est le roi des mondes.

La vignette qui correspond à cette section montre assis dans une barque *Osiris-Khent-ament, dieu grand, seigneur d'Abydos.* Devant lui se tient debout *Isis la grande, la mère-déesse, l'épouse royale d'Osiris.* Elle est suivie de la défunte l'*Osiris-Tent-rut, fille de Persaïs, justifiée.*

Tout ce paragraphe se rapporte à la manifestation lunaire d'Osiris. Le dieu navigue dans l'Arche sainte[1] sous la forme de la *lune;* il parcourt l'espace, accompagné de son escorte céleste, en dominant au ciel en maître absolu ; sa splendeur jette de l'éclat sur le divin Sahou, nom que les Égyptiens ont donné à la constellation d'Orion, dans laquelle était placée l'âme d'Osiris. Il paraît au ciel chaque jour, suivi de la divine Sothis, l'étoile de Sirius, où l'âme d'Isis était censée résider[2]. Son émanation, son influence humide donnent la vie aux êtres animés et même aux dieux[3]. Puis, Osiris semble être assimilé au Nil. Son âme, c'est

1. Cf. Plutarque, *Sur Isis et Osiris*, ch. XXII.
2. *Ibid.*, ch. XXI.
3. *Ibid.*, ch. XLI.

l'eau qui abreuve; son être tout entier, c'est la nourriture de l'univers. Ce dernier passage est très remarquable.

Outre ces allusions cosmogoniques, notre texte mentionne quelques dates astronomiques qui ont été discutées par M. Brugsch dans son savant ouvrage sur le calendrier des anciens Égyptiens [1].

L'analyse de cette section porte sur les expressions suivantes :

A la huitième ligne, on lit la phrase : AχU APER-UT M SES'UK, à la lettre : *l'horizon est muni de tes passages*, c'est-à-dire : on t'y aperçoit passant continuellement.

Le sens de la locution 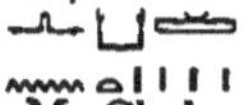 AN KAU, *nulle chose, rien*, a été bien précisé par M. Chabas [2].

A la dixième ligne, on trouve l'expression  qui est susceptible de plusieurs interprétations. M. Brugsch l'a traduite : [*tu viens à nous en*] *petit enfant au commencement de la lune et du soleil* [3]. A défaut de toute particule, j'ai préféré le sens en *enfant aîné de l'éternité*. Ce dernier mot est exprimé par le groupe la réunion du soleil et de la lune qui, d'après un passage d'Horapollon cité par M. de Rougé, désignait, à la basse époque, l'éternité [4].

Le signe  , à la onzième ligne, a pour orthographe pleine  TAA, qu'on trouve au commencement de la cinquième page. M. Chabas attribue à ce mot le sens d'*émanation* s'étendant quelquefois à la *filiation*, comme dans cette phrase qui qualifie très souvent les rois :

1. *Matériaux*, etc., p. 61.
2. *Observations sur le chapitre VI du Rituel*, p. 6[; cf. *Œuvres diverses*, t. II, p. 238-239].
3. *Matériaux*, etc., p. 162.
4. *Étude sur une stèle de la Bibliothèque impériale*, p. 164.

NETER NEFER SE AMEN TAA RA, le dieu bon, le fils d'Ammon, émané du soleil [1].

CINQUIÈME PAGE

IV° Section

[Ligne 3] *Invocation de Nephthys. Elle dit :*
O excellent souverain ! Viens à ta demeure ! Ounnefer justifié, viens à Tattou. [l. 4] O taureau fécondateur, viens à Anap. Bien-aimé de l'Adytum, viens à Kha ; viens à Tattou, lieu que préfère ton âme. Les esprits de tes pères te secondent ; [l. 5] ton fils, l'adolescent Horus, fils de tes deux sœurs, est devant toi. Au lever de la lumière, je suis ta sauvegarde chaque jour. Je ne me sépare jamais de toi.

O dieu A n, viens à Saïs ! Saïs est ton nom. [l. 6]. Viens à Aper, tu verras ta mère Neith. Bel enfant, ne t'arrête pas loin d'elle. Viens à ses mamelles (pour) t'y abreuver. Frère excellent, ne t'arrête pas loin d'elle ! O fils, [l. 7] viens à Saïs.

Osiris–Tarut, surnommée Naïnaï, fille de Persaïs, justifiée, viens à Aper, ta ville. Ta demeure est Tab. Tu [y] reposes auprès de ta mère divine pour [l. 8] toujours. Elle protège tes membres, elle disperse tes ennemis, elle est la sauvegarde de tes membres à jamais.

O excellent souverain ! Viens à ta demeure ; seigneur de Saïs, viens à Saïs !

Cette invocation s'adresse encore à Osiris, dont elle fait ressortir la manifestation solaire. Le dieu revenant à la vie est assimilé au *soleil diurne* et, suivant notre papyrus, sa

1. Obélisque de Luxor, côté sud. — Champollion, *Notices*, p. 73 et 121.

mère devient alors Neith, la déesse-mère et la mère du soleil par excellence. D'après une observation de M. Devéria,
Neith paraît s'identifier plus particulièrement avec le *ciel du
jour*, tandis que *Nu-t*, qui représente aussi la voûte céleste,
est considérée comme le type du *ciel nocturne* et, dans cette
qualité, remplit le rôle de mère d'Osiris, lorsque celui-ci est
assimilé au *soleil de la nuit*, c'est-à-dire au soleil quand il
parcourt l'hémisphère céleste au-dessous de la terre. Ces
vues ingénieuses me paraissent admissibles pour l'époque
relativement récente du grand développement du culte de
Neith, à laquelle la rédaction de notre papyrus est encore
postérieure. Remarquons en passant qu'à la ligne 6 notre
texte fait allusion à la formation nouvelle de l'Osiris terrestre par sa sœur Isis, dont parle l'*Hymne à Osiris* en ces
termes : *Elle a emporté les débris de son corps et lui a
donné la mamelle en secret. On ne connaît pas le lieu où
cela se fit*[1].

Les localités *Anap, Kha, Tattu, Saïs, Aper* et *Tab*, avec
lesquelles Osiris est mis en rapport, étaient situées dans la
Basse Égypte[2]. Elles n'ont pas été identifiées, à l'exception de la ville de Saïs.

Après l'invocation au dieu, Nephthys s'adresse, non pas à
la défunte *Tentrut*, comme on devait s'y attendre, mais à sa
sœur *Tarut*, à laquelle la partie hiéroglyphique du papyrus
est consacrée. Est-ce là encore une erreur du scribe?

La traduction de cette section n'offre aucune difficulté.

Je considère le groupe ॥ ☉, à la fin de la quatrième ligne,
comme une variante de ⸮ SEN, *s'associer, s'allier, seconder*. Ce dernier mot rend très exactement l'idée du verbe
égyptien.

---

1. Chabas, *Hymne à Osiris*, pl., lig. 16[; cf. *Œuvres diverses*, t. I,
pl. II, l. 16].

2. Cf. Brugsch, *Géographie*, p. 246, 267 et 271.

CINQUIÈME PAGE

[Ligne 9] *Invocation d'Isis. Elle dit :*

Viens à ta demeure! Viens à ta demeure, excellent sou-
verain! Viens à ta demeure, viens voir ton fils Horus,
chef suprême des dieux et des hommes. Il a pris posses-
sion des villes et des campagnes par la grandeur du res-
pect qu'il inspire. [l. 10] Le ciel et la terre sont sous sa
crainte, les barbares sous sa terreur. Tes compagnons [1],
qui sont les dieux et les hommes, sont devenus siens dans
les deux hémisphères pour accomplir tes cérémonies mys-
térieuses. Tes deux sœurs sont auprès de toi, offrant des
libations à ta personne; [l. 11] ton fils Horus accomplit
pour toi l'oblation funéraire de pains, de breuvages, de
bœufs et d'oies. Thoth institue ta panégyrie en t'appelant
dans ses louanges. Les enfants d'Horus sont la sauve-
garde de tes membres, glorifiant ton âme chaque jour.
[l. 12] Ton fils Horus salue ton nom [dans] ta demeure
mystérieuse, en te présentant les choses [consacrées] à ta
personne. Les dieux tiennent à la main des vases pour
faire des libations à ton être. Viens à tes compagnons,
chef suprême, notre seigneur, ne [l. 13] te sépare plus
d'eux.

Ici finissent les invocations. Cette section présente un
chant de triomphe. Osiris, renaissant sous la forme d'Horus
vainqueur ou du soleil levant, est devenu le maître du
monde entier qui le révère; les dieux et les hommes acceptent et pratiquent son culte, qui est institué partout.
L'assimilation d'Osiris avec le soleil est certainement la plus
frappante et la plus importante. Aussi, M. le professeur
Lepsius, dans son excellent mémoire déjà cité [2], a établi

1. Ton escorte.
2. *Ueber den ersten ægypt. Gœtterkreis*, p. 195.

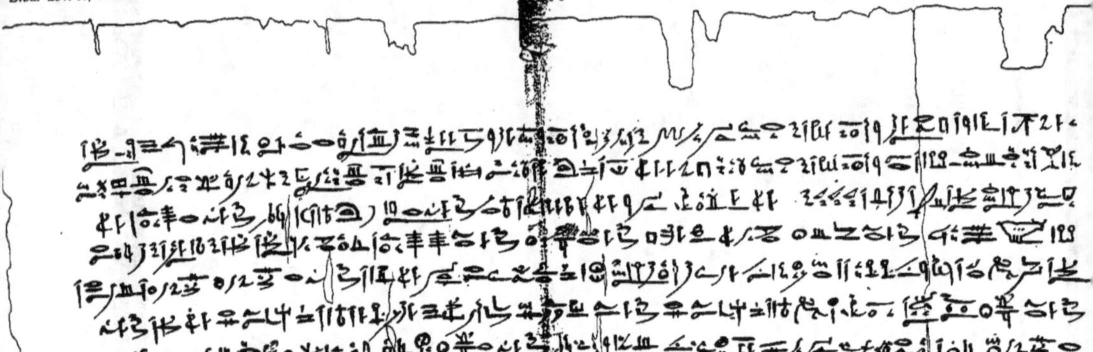

J. de Horrack lith.
1856

MUSÉE ROYAL DE BERLIN, PAPYRUS ÉGYPTIEN N° 1425, PARTIE HIÉRATIQUE

avec raison que le culte d'Osiris, d'abord local et puis répandu sur toute l'Égypte, n'était qu'*une forme du culte du soleil*, qui paraît avoir été le culte fondamental et national des anciens habitants de la vallée du Nil. C'est dans cette voie d'interprétation qu'il faudrait entrer pour expliquer, surtout au point de vue cosmogonique, le rôle d'Osiris et ses rapports avec Horus, Ra, Atum, etc., qui personnifient sous des types divins les différentes phases du soleil dans sa course diurne et annuelle.

L'analyse de ce paragraphe donne lieu aux remarques suivantes :

A la dixième ligne se trouve l'expression ATE-RU-TI ; ce sont des divisions de l'espace dont il n'est pas possible de déterminer la signification exacte. Il y avait l'Atur du nord et l'Atur du midi ; le ciel, la terre et les quatre points cardinaux sont cités indépendamment des Aturs[1]. Dans la phrase SA-K HOR M NET'REN-K S'ETA-K [l. 12], j'ai suppléé la particule après le groupe. Je soupçonne qu'elle a été oubliée par le scribe, ou que le signe hiératique qui se trouve à cette place a été mis par erreur pour. L'expression S'ETA-T est la dénomination des localités mystérieuses où l'homme descend après sa mort[2].

Le groupe qui suit la particule est UAH, dont le signe initial a été défiguré par le copiste égyptien.

Le mot NEMMES-T, à la même ligne, ne peut signifier qu'un vase destiné à contenir un liquide, ainsi que le déterminatif l'annonce.

Nous arrivons à la clause finale, dont je dois l'explication entièrement à l'obligeance de M. F. Chabas.

---

1. Cf. *Todtenbuch*, ch. xv, 37 ; ch. cxxx, 1 ; ch. cxli, 10 ; et Sharpe, *Inscr.*, II, pl. 92, 1.
2. Cf. *Todtenbuch*, ch. xv, 34 ; ch. lxxvi, 4, etc.

CINQUIÈME PAGE
Clause finale

[Ligne 13] *Lorsque cela est récité, le lieu (où l'on est) est très grandement saint. Que ce ne soit vu ni entendu par personne, excepté par le prêtre supérieur et l'assistant. [l. 14] Deux femmes, belles de leurs membres, ayant été amenées, on les fait asseoir par terre à la porte principale de l'Ousekh¹; on fait inscrire sur leurs épaules les noms d'Isis et de Nephthys; on place des vases de cristal(?) pleins [l. 15] d'eau dans leur main droite, des pains faits à Memphis dans leur main gauche. Qu'elles soient atten- tives aux choses faites à la troisième heure du jour et pa- reillement à la huitième heure du jour. Ne cesse pas de ré- citer [l. 16] ce livre à l'heure de la cérémonie. C'est fini.*

Le paragraphe commence par une curieuse formule mys- tique qu'on rencontre aussi au chapitre 148 du Rituel funéraire², où elle est ainsi conçue : *Qu'on ne fasse voir ce chapitre à personne, excepté au roi et au prêtre supé- rieur... Ce livre est un véritable mystère; que nul autre en aucun lieu ne le connaisse à jamais; qu'on n'en parle pas, que l'œil ne le voie pas, que l'oreille ne l'entende pas ; qu'on ne le montre qu'à lui* (au défunt) *et à celui qui l'ins- truit.*

Les détails liturgiques qui suivent sont infiniment curieux et se trouvent illustrés par les vignettes qui montrent deux femmes assises³ tenant dans leurs mains les objets men- tionnés dans le texte ; on y remarque les noms d'*Isis* et de

1. La grande salle où était peinte la scène du jugement.
2. Lepsius, *Todtenbuch*, ch. cxlviii, 3 et 5.
3. Elles représentent peut-être les deux pleureuses dont parle le Ri- tuel. Cf. *Todtenbuch*, ch. i, 5.

Nephthys écrits auprès des figures. Il me semble intéressant de rappeler ici un passage de la Bible qui fait mention de certaines cérémonies analogues, pratiquées chez les peuples syriens à l'occasion des fêtes de deuil pour Adonis, dont le culte s'était introduit chez les Juifs restés à Jérusalem à l'époque de la captivité. En voyant en songe les idolàtries dans lesquelles ils étaient tombés, Ézéchiel s'exprime ainsi : « Et il me conduisit à l'entrée de la porte septentrionale du » temple, et voici que des femmes étaient assises là, pleu- » rant Thamuz (c'est-à-dire Adonis)[1]. »

On a cru reconnaître une origine commune aux légendes d'Osiris et d'Adonis ; mais, d'après le savant Movers, qui a traité à fond la fable d'Adonis[2], ce mythe et son culte portent dans tous les détails le caractère particulier à la religion phœnico-syrienne, et diffèrent beaucoup trop de l'histoire d'Osiris et de sa signification en Égypte pour pouvoir admettre autre chose qu'une ressemblance générale dans les principales notions qu'avaient les deux peuples de ces divins personnages.

Ma traduction de ce paragraphe a besoin d'être justifiée par la discussion de plusieurs points douteux.

Il m'était impossible de déchiffrer le premier groupe de la quatorzième ligne ; je présume qu'on doit le transcrire ⫙ AN[3]. La phrase se lirait alors : ⫙ ⟋ ⟍ II AN XER-UT SA-T SEN, mais la présence de la particule XER entre le verbe AN et la finale du participe passif UT est fort singulière et reste à expliquer. M'appuyant sur quelques

1. *Ézéchiel*, VIII, 14.
2. *Die Phœnizier*, t. I, p. 191.
3. Depuis que mon mémoire est à l'impression, la comparaison du *Todtenbuch* avec le *Rituel hiératique* publié par M. E. de Rougé m'a fourni la preuve que le mot hiératique en question correspond en effet au groupe hiéroglyphique composé par le vase sur deux jambes et la ligne brisée (voir *Todtenbuch*, ch. XXIII, 4, et ch. XXIV, et endroits correspondants du *Rituel* de Rougé).

exemples du papyrus médical ¹, où ꭗER fonctionne comme
simple support du pronom personnel, j'ai traduit comme
s'il y avait seulement AN-UT SA-T SEN, *étant amenées deux
femmes*.

Au milieu de la même ligne, on remarque le groupe �
que je n'hésite pas à regarder comme une nouvelle erreur du
scribe, causée par la ressemblance de la forme cursive de
ce groupe avec celle de ⌐ que le parallélisme exige ici.

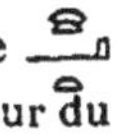

Les signes ꭥ et ꭥ, *droite* et *gauche*, à la quinzième ligne, ont donné lieu dernièrement à de savantes dissertations de MM. Chabas et Lepsius². En appliquant les nouvelles valeurs à notre texte, on trouve que, contrairement à
la mention y contenue, les figures du tableau tiennent dans
leur main droite le pain rond appelé *paut*, et dans leur main
gauche une espèce de vase sur un support. Mais les vignettes
du genre de ceux de notre papyrus ne sauraient décider la
question. Je puis au contraire signaler, en faveur de la valeur
gauche pour ꭥ, une preuve convaincante, dont je dois la
communication à mon savant ami M. Théodule Devéria.
Plusieurs exemplaires du *Livre des Souffles*, entre autres celui dont M. Brugsch a publié une transcription en
hiéroglyphes³, contiennent une clause finale, obscure à
l'époque où le savant docteur traduisait ce curieux texte,
mais intelligible aujourd'hui, grâce aux récents progrès
faits dans la science du déchiffrement. C'est une formule
qui prescrit d'inhumer le livre avec le défunt⁴. *On enve-*

1. *Papyrus médical*, p. 4, 6, et p. 15, 11 et 12[; cf. Chabas, *Œuvres
diverses*, t. III, p. 15-20].

2. *Zeitschrift*, février et mars 1865.

3. *Saï an Sinsin*, etc. Berlin, 1851.

4. *Ibid.*, p. 34, où ce passage est reproduit en écriture hiératique.
Grâce à l'obligeance de M. Devéria, j'ai pu le comparer avec deux
exemplaires du Musée du Louvre, qui offrent quelques variantes de
rédaction.

loppe le Livre des Souffles, qui est avec l'écriture du dedans au dehors de lui[1], *dans de la toile* [dite] *royale, et on le place* χER A-F AH N PA MET N HETI-F *sous son bras gauche, au milieu de son cœur.* Or, l'expression ☥ s'applique au bras ou côté du défunt où se trouve le cœur, et doit donc forcément avoir le sens *gauche*, qui me paraît désormais définitivement établi. Il serait intéressant de savoir si les exemplaires du *S'aï-n-sensen* qu'on a recueillis sur les momies ont été réellement trouvés dans les conditions indiquées par les hiéroglyphes.

La locution MA OU TA HER, litt. *donner la face, mettre la face*, veut dire ici *faire attention*[2].

Tel est le curieux document que la bienveillance de M. Lepsius m'a permis de mettre à la disposition de la science; il ajoute à nos connaissances en mythologie égyptienne des notions nouvelles et précises, et fournit aux études philologiques un bon texte de plus. Les musées de l'Europe abondent en documents inédits qui ne sont pas d'une moindre importance. Peut-être la présente publication en encouragera-t-elle d'autres du même genre.

---

1. Je crois que cela veut dire que le livre doit être roulé de telle manière que la direction du texte aille de l'intérieur à l'extérieur.

2. Cf. Chabas, *Mélanges*, 2ᵉ série, p. 148.

TROIS NOTICES

POUR LE

CATALOGUE DU MUSÉE DE LUYNES[1]

1867

---

824. Papyrus. — Portion d'un manuscrit hiéroglyphique, renfermant des prières aux dieux solaires. La première scène, en commençant à gauche, montre assis sur un trône, sous sa forme humaine, le dieu *Harmachou-Toum*, qui représente le soleil du jour et celui de la nuit. Il est coiffé du disque orné de l'uræus, et tient dans ses mains le fouet et le sceptre à crochet, attributs de la royauté divine.

1. M. de Horrack (voir sa lettre à Chabas, du 25 novembre 1866. p. XL-XLI de la *Notice biographique*) avait été prié par M. Chabouillet, conservateur du Département des Médailles à la Bibliothèque impériale, de travailler au classement des antiquités égyptiennes de la collection de Luynes. Il s'agissait de préparer un catalogue de cette collection pour l'Exposition universelle de 1867. Nous n'avons pas trouvé que ce catalogue ait été imprimé, mais il existe en manuscrit au Cabinet des Médailles, et le conservateur actuel de ce département, M. Babelon, a bien voulu nous permettre d'en prendre connaissance. La plupart des descriptions d'antiquités égyptiennes (n°s 827 à 957) sont extrêmement brèves et ne sont pas signées; nous ne sommes donc pas autorisé à les attribuer à M. de Horrack, bien qu'il y ait sans doute au moins collaboré. Mais quatre notices plus étendues sont consacrées aux numéros 823 à 826. La notice du numéro 823 est due à Devéria; celles des numéros 824, 825 et 826 ont été rédigées par M. de Horrack, d'après l'indication du catalogue. — P. V.

Derrière lui, debout, deux déesses dont les têtes sont couronnées du disque entre deux cornes de vache. Les inscriptions placées auprès d'elles les nomment *Ju-s-ans* et *Nebhotep*. On voit ensuite le défunt *Semes-amen* faisant acte d'adoration devant une table d'offrandes.

Dans la seconde scène, dieu à tête d'épervier assis sur un trône. Il est coiffé d'une mitre à plumes d'autruche, et tient les sceptres divins et la croix ansée. C'est encore le soleil, sous le nom d'*Harmachou-Hout*, qu'il porte à Edfou. La déesse Mâ est derrière le dieu. *Thôth*, une palette à la main, lui adresse des adorations. Plus loin, le défunt faisant une libation et offrant l'encens qui brûle devant une table chargée d'offrandes. — Inédit.

825. *Papyrus.* — Portion d'un manuscrit hiéroglyphique, qui se rattache au fragment précédent. Suite de tableaux symboliques représentant la course du soleil, type du cours de la vie humaine. Dans la première scène, à gauche, le dieu *Harmachou—Toum* avec une tête d'épervier surmontée du disque à urœus, tenant le sceptre et la croix ansée. Il est assis sur un trône porté par quatre personnages, dont deux ont des têtes de scarabées, les deux autres des têtes de serpents. La deuxième scène se divise en deux compartiments. Dans celui du haut, entre deux bras, le disque solaire orné de la fleur de lotus, adoré par quatre cynocéphales. Dans le compartiment inférieur, le dieu *Chéper*, dont la tête est surmontée d'un scarabée, adoré par quatre personnages, deux à tête d'épervier, deux à tête de chacal. Dans la scène suivante, momie d'Osiris couchée sur un lit funèbre. Deux déesses, figurant *Isis* et *Nephthys* (le papyrus les appelle *Neit* et *Nout*), veillent à la tête et aux pieds du dieu. La dernière scène représente *Osiris* ayant pour corps un *Tat*, adoré par un personnage à tête de chacal et un autre à tête d'épervier. Vignettes représentant deux taureaux et une vache. — Inédit.

826. Papyrus. — Manuscrit hiéroglyphique. Chapitres extraits du Rituel et relatifs aux transformations de l'âme humaine dans les régions infernales. Il appartenait à la dame *Merit.* A gauche, assis sur un trône dans un naos, *Osiris* coiffé de la mitre à plumes d'autruche, et portant les attributs de la royauté divine. — Transport de la momie à l'hypogée : elle est étendue sur un lit funèbre placé dans un bateau qui repose lui-même sur un traîneau tiré par quatre bœufs. — Actes d'adoration de la défunte, adressés à divers génies. — Types de transformation : échassier, épervier, hirondelle, fleur de lotus, etc. Ce tableau se termine par une scène qui nous montre la momie couchée sur son lit funèbre, entre les bras d'*Anubis* et sous la protection d'*Isis* et de *Nephthys,* qui se tiennent à la tête et aux pieds, dans l'attitude de la douleur.

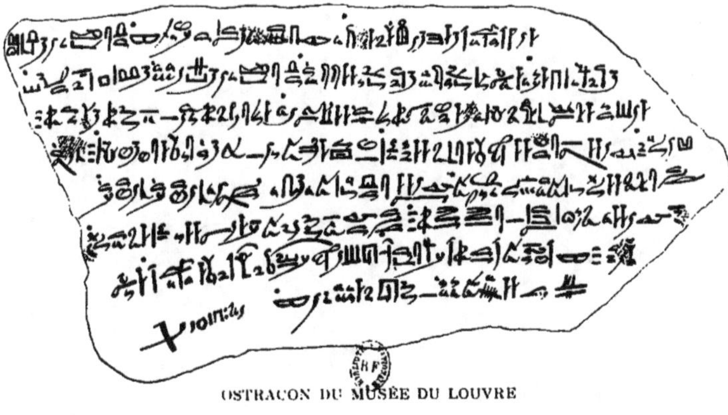

OSTRACON DU MUSÉE DU LOUVRE

SUR UN

OSTRACON DU MUSÉE DU LOUVRE

———

Lettre à M. le Docteur Lepsius [1]

———

Monsieur,

Dans son remarquable ouvrage *Voyage d'un Égyptien*, etc.
M. Chabas a reproduit le texte hiératique que porte un
fragment de pierre de la collection Caillaud, texte que le
savant égyptologue a reconnu correspondre à une partie de
la cinquième et de la sixième section du Papyrus Anastasi I.

Je puis aujourd'hui signaler l'existence d'un monument du
même ordre que possède le Musée égyptien du Louvre.
C'est un fragment de vase de terre cuite, couvert d'une
magnifique inscription hiératique du beau type de l'époque
de la XIX⁰ dynastie. De même que le fragment de pierre de
la collection Cailliaud, le tesson du Louvre reproduit le texte
du Papyrus Anastasi I à partir de la page 8, ligne 3 à la
page 9, ligne 2. La rédaction en est presque identique à
celle du fragment de pierre dont elle facilite la lecture.

Je m'empresse, Monsieur, de vous envoyer un fac-similé
de cet intéressant document, pensant qu'il vous sera agréable
de le porter à la connaissance des égyptologues dans les

———

1. Publiée dans la *Zeitschrift*, 1868, p. 1-6.

colonnes de votre estimable journal. J'y joins une traduction, suivie d'une courte analyse et de quelques remarques nécessaires pour la justifier.

Dans son étude sommaire sur le contenu des quatorze premiers chapitres du Papyrus Anastasi I, M. Chabas a donné la substance de ces mêmes sections qui se trouvent reproduites sur l'ostracon du Louvre (cf. *Voyage,* etc., p. 29). Je réfère le lecteur à ce savant travail et je passe immédiatement à la traduction de notre texte. Il présente quelques difficultés que je n'ai peut-être pas résolues d'une manière tout à fait satisfaisante, et sur lesquelles pourra s'exercer l'expérience de mes collègues et surtout de l'éminent égyptologue de Chalon, dont les bienveillants conseils m'ont été d'une grande utilité.

Voici ce que je lis sur l'ostracon :

« Le dieu Thoth est comme un bouclier derrière moi. Tout
» ce que tu me dis, c'est comme si tu parlais à un ennemi
» quelconque. Je serai enterré à Abydos dans la tombe de
» mon père, [car] je suis vraiment un citoyen du district de
» Ma-ti. Je serai enseveli par mes parents dans la montagne
» Ta-ser. Comment verras-tu l'indignation de mon cœur?
» Oh! supporte-moi! Par qui ai-je été dénoncé pour des
» propos méchants? Je t'ai fait des rapports plaisants. On
» s'égaie en écoutant cela comme un amusement.

» Tu me dis encore : Bras rompu! sans courage! sois
» actif comme un scribe. Tu dis : Il ne sait rien, il ne sait
» rien. Ce que j'ai fait un instant auprès de toi pour t'adoucir,
» c'est à savoir : j'ai été son domestique, l'autre, il m'a
» tourmenté. Les ordres du Seigneur au nom victorieux sont
» dominants; sa loi est très immuable comme celle de Thoth.
» Moi, je suis un soutien de famille.

» Au mois de Phamenoth, jour 29ᵉ. »

Le sujet général de l'ensemble du papyrus a été parfaitement reconnu par M. Chabas (cf. *Voyage,* p. 40). L'écrivain se défend sans cesse contre les accusations de son supérieur qui lui conteste, en divers passages, la légitimité de ses titres et même, à ce qu'il paraît, sa qualité de citoyen. Dans notre document le scribe fait allusion à ce reproche, en se justifiant en même temps de certains propos malveillants qu'il est accusé d'avoir glissé dans ses écrits sur le compte de son supérieur. Peut-être même ne s'agit-il que de l'interprétation offensante que le maître aurait faite de quelques expressions un peu vives dans les lettres de son subordonné.

Le texte commence par la phrase :

Est   le dieu Thot   comme   un bouclier   derrière moi.

Ce préambule n'exige aucune explication.

Nous lisons ensuite :

Agit   ce qui sort   de   ta bouche   contre   tout ennemi.

On remarquera que le papyrus a le mot ⌖ « tout », après le groupe ⌷, ce qui rend le sens plus clair. Ce groupe que les deux ostraca rendent par la forme ⌷∧, signifie tout simplement « sortir », mais jamais *proferre, annuntiare,* « parler », pas plus que le mot français « sortir » n'a cette acception dans la phrase : « tout ce qui sort de ta bouche ». Le sens du passage qui nous occupe serait donc : tout ce que tu me dis, c'est « comme si tu parlais à un ennemi quelconque ». Évidemment l'écrivain se plaint de l'hostilité de son supérieur.

Ici le papyrus intercale un paragraphe, en partie endommagé, qui signifie à peu près : « Par la Majesté de Ptah, » Seigneur des Vérités..... j'ai agi selon tes paroles;

» elles tendent (littéralement : *les conduisant,*
» ‌⌐) à se réaliser. » **La** formule ⌐, par laquelle commence cette phrase, a été signalée et expliquée par M. **Chabas** (cf. *Voyage,* p. 93).

Je passe à la phrase suivante :

Je serai euterré — à Abydos — daus — la tombe — de mon père;

je suis — un fils — véritablemeut — du — district — de Ma-ti;

je serai enterré — par [mes] parents — dans la montagne — de Ta-ser.

L'écrivain, après avoir soutenu qu'il est vraiment un fils, c'est-à-dire un citoyen du district de *Ma-ti,* prétend avoir droit à un bon enterrement dans la tombe de son père, et espère qu'il sera enseveli par ses parents dans la montagne de Ta-ser. C'est ce droit que son supérieur paraît avoir refusé de reconnaître.

Le groupe , *mer,* désignait une des subdivisions des nomes de l'Égypte. *Ma-ti* était le *mer* du quatrième nome de la Haute Égypte et avait une importance théologique particulière (cf. Brugsch, *Géogr.,* I, p. 189). Notons que l'expression est remplacée, dans le papyrus, par « de ville toute », c'est-à-dire « de la ville entière, de toute la ville ». L'écrivain a sans doute voulu affirmer ici sa nationalité. Quant au groupe , traduit « concitoyens », par M. **Chabas** (*Voyage,* p. 41), et « compagnons, amis », par M. **Brugsch** (*Dict.,* p. 80), je crois qu'on doit le rendre ici par « parents », mais je n'ai aucune preuve de l'interprétation que je propose.

Le paragraphe qui suit consiste en deux phrases, que l'ostracon sépare tandis que le papyrus les lie. J'en reproduis les deux versions en commençant par celle de l'ostracon.

On y lit :

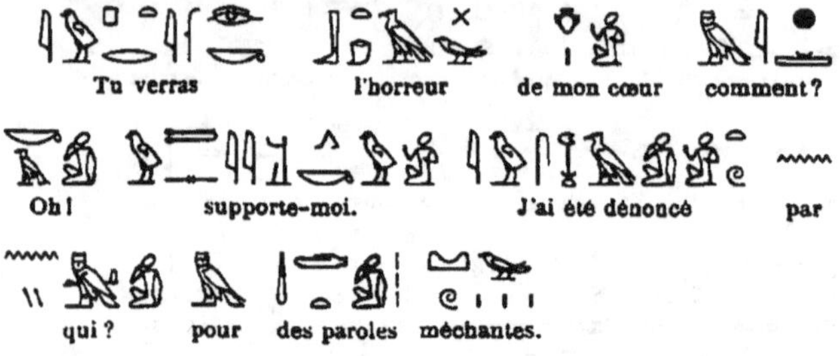

Le scribe, ayant exprimé son *dégoût*, sa *répugnance* pour les critiques dont il est l'objet, s'inquiète de ce qu'en pensera son maître. « Comment verras-tu, lui dit-il, l'indignation » de mon cœur ? Oh ! supporte-moi. Par qui ai-je été dé- » noncé pour des propos méchants ? »

Le sens du premier membre de phrase a pu être parfaitement ment déterminé, grâce à notre connaissance de la locution « comment, de quelle manière », signalée par M. Chabas (cf. *Voyage*, p. 300). Au groupe qui suit, le papyrus substitue celui de . L'un et l'autre signifient « porter, supporter ». Suivant M. Brugsch (*Dict.*, p. 308), on trouve aussi comme variante le verbe qui a le même sens. Un peu plus loin se présente la locution qui a été expliquée par M. Chabas (cf. *Mélanges*, I, p. 86, et *Voyage*, p. 77), la découverte de cette importante expression interrogative étant due à

M. Goodwin. D'après la ponctuation des deux ostraca la phrase se termine au mot �.

Ici commence la seconde moitié du paragraphe :

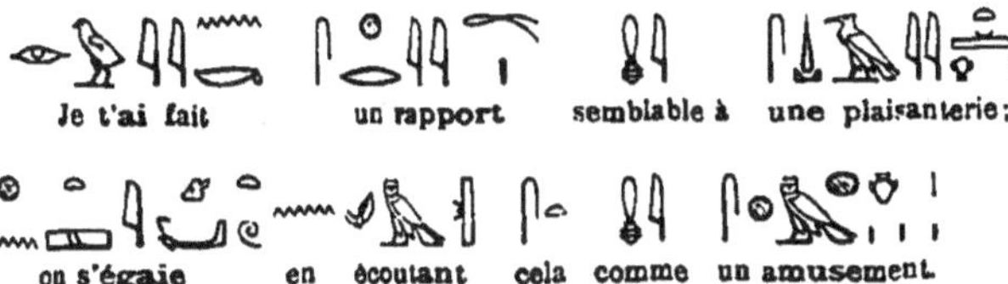

On trouve ici un groupe qui n'a pas encore été signalé. C'est le mot ⌷ composé de ⌷ et de ⌷ « la face humaine ». Les passages dans lesquels ce mot se rencontre sont loin d'être clairs. Je crois qu'il se rapporte à une expression de la physionomie, peut-être « raillerie, moquerie ». En attendant mieux, on peut le comparer au copte coⲝ, *insanus*. Notre écrivain se défend d'avoir écrit sérieusement les phrases offensantes que son maitre lui a reprochées.

Suivent les mots ⌷ et ⌷ qui expriment tous les deux l'idée « se réjouir, réjouissance, récréation » (cf. Brugsch, *Monum.*, pl. III, lig. 14; *Anastasi I*, p. 46, 4, pour le premier groupe, et E. de Rougé, *Premières Dyn.*, p. 90; Chabas, *Voyage*, nº 709, pour le dernier).

Voici maintenant la version du papyrus qui joint ensemble les deux phrases au moyen du pronom relatif ⌷ placé devant le verbe ⌷ :

prends   cela.   J'ai été signalé   par qui   pour

des suggestions   mauvaises,   que j'aurais faites à toi   dans   des rapports,

semblables   des plaisanteries   devenues   comme   amusements

pour   tout le monde.

Si l'on acceptait le texte pour correct, il faudrait traduire
ainsi :

« En quoi ton cœur s'indignera-t-il ? Accepte cela. Par
» qui ai-je été dénoncé pour des suggestions malignes que
» j'aurais faites à toi dans des rapports, semblables à des
» plaisanteries devenues amusements pour tout le monde ? »

Outre la variante déjà mentionnée, de ⟨glyphes⟩ pour
⟨glyphes⟩, notre paragraphe offre encore les suivantes :
⟨glyphes⟩ de l'ostracon pour ⟨glyphes⟩ du papyrus, ⟨glyphes⟩
pour ⟨glyphes⟩, ⟨glyphes⟩ pour ⟨glyphes⟩. Le groupe
⟨glyphes⟩ du papyrus doit être corrigé d'après les ostraca en
⟨glyphes⟩, ainsi que M. Chabas l'a déjà fait observer en si-
gnalant le duplicata Cailliaud (cf. *Voyage*, p. 31).

Une nouvelle section commence à la fin de la quatrième
ligne. Le scribe, accusé par son supérieur de manquer
d'énergie, lui répond :

Cette phrase a été traduite ailleurs par M. Chabas qui en a expliqué les principales expressions. Au lieu du groupe [glyphes], le papyrus offre la variante bien connue [glyphes]

L'écrivain continue ainsi :

La phrase « Il ne sait pas, il ne sait pas » est rendue par le papyrus à la deuxième personne, ce qui donne le même sens. On remarquera que le scribe du texte Cailliaud avait également employé le verbe [glyphe] à la troisième personne, mais s'étant ravisé il a changé le [glyphe] en [glyphe] par un gros trait de plume.

Il s'agit ici encore d'une accusation du maître ; il traite son disciple d'ignorant après lui avoir reproché sa paresse, son inertie.

A cela le disciple rappelle les efforts qu'il a faits pour se concilier son maître : « j'ai été son domestique », dit-il, « et l'autre me tourmente ». Tel est, du moins, le sens apparent de la phrase ; le génie de la langue égyptienne s'accommodait parfaitement de ces changements de personnes.

Le mot a été rendu par « caresser, cajoler, flatter », par M. Chabas (*Voyage*, n° 656). M. Brugsch (*Dict.*, p. 258) propose le sens « converser, conversation », qui ne me semble pas convenir dans les phrases où ce groupe se rencontre. Quant au terme ou selon le papyrus, l'idée « serviteur, domestique » paraît ressortir d'un passage du Papyrus Anastasi I, p. 5, l. 5 où on lit :

« Voici que tes serviteurs se tiennent debout derrière toi. »

La suite présente, sur l'ostracon du Louvre, une particularité très remarquable, dans l'introduction, plusieurs fois répétée, du déterminatif , qui semble attribuer au roi les titres énumérés par le texte. Dans l'état de détérioration des deux autres manuscrits, il était impossible de se rendre compte de cet arrangement, non plus que de la coupe de la phrase après . Quoi qu'il en soit, on lit sur notre ostracon :

Les ordres du seigneur   au nom victorieux   [sont] dominants ;

ses lois   très immuables, comme Thoth.

La formule que je traduis « très immuables » est ▭ 𓏤
𓀀𓏤 sur l'ostracon, et ▭ ▭ 𓎡 sur le papyrus. M. Chabas a fait ressortir plusieurs fois la valeur de ces termes et
démontré que la jonction de deux qualificatifs est l'expression ordinaire du superlatif en égyptien.

Il semble que l'écrivain critiqué fasse appel à la volonté
royale, aux décrets souverains qui lui ont conféré des titres
contestés à tort, et qui ne sont pas l'apanage ordinaire des
hommes sans courage et sans instruction.

En continuant cet ordre d'idées, j'admettrais que la phrase
suivante :

Je suis   un soutien   de   famille   toute

se réfère à un titre, à une fonction réellement exercée par
l'écrivain en vertu d'un ordre royal. Mais ni le mot
▭ 𓇋𓇋 𓄿 (qui se trouve déjà au Papyrus Anastasi I,
p. 5, l. 7) ni le mot 𓂝 𓏤 𓀀 𓇋𓇋 𓄿 (dont on connaît de
nombreux exemples) ne nous ont encore livré assez exactement les nuances de leur signification pour qu'il nous soit
possible d'arriver au sens exact. La version : « *Je suis un
soutien de famille* » ou « *d'une famille entière* », n'est qu'une
hypothèse que j'abandonne à la sagacité de mes collègues.

Suit une date que je lis : « Phamenoth, jour 29e ».

Si les résultats de cette courte étude sont de quelque
utilité pour la science, il est juste de dire qu'ils sont dus
presque entièrement aux indications précieuses que j'ai
puisées dans les nombreux ouvrages philologiques de M. Chabas, ce savant désintéressé et dévoué aux intérêts de la science,
qui se montre toujours disposé à seconder les travaux de
ses confrères en égyptologie, en mettant à leur disposition,
de la manière la plus libérale et la plus amicale, les ressources

de ses vastes index. Son beau travail sur le Papyrus Anastasi I, fruit de la collaboration du savant égyptologue de Chalon avec M. Goodwin, notre maître à tous dans la littérature hiératique, a bien certainement rendu à la science un service signalé, et est digne à tous égards de la réputation justement méritée de son auteur.

Agréez, Monsieur, l'assurance de ma parfaite considération.

Paris, le 10 décembre 1867.

J. DE HORRACK.

SUR

DEUX STÈLES DE L'ANCIEN EMPIRE

MENTIONNANT

LA RÉPARATION D'UN TEMPLE A ABYDOS[1]

Le Musée du Louvre possède deux stèles ainsi décrites par
M. E. de Rougé dans sa *Notice des Monuments exposés
dans la galerie des Antiquités égyptiennes*[2].

« N°ˢ 11 et 12. — *Stèles en pierre calcaire.* — Ces deux
» inscriptions ont été dédiées par Amonisenv, fils de
» Ouaembaou. Il exerçait à Abydos une charge dont le sens
» est encore inconnu. Le n° 11 contient une prière funé-
» raire adressée au dieu Tap-hérou. Dans la stèle n° 12
» ce personnage est représenté sous la forme d'un homme
» d'un âge mûr; il parle d'une restauration monumentale
» exécutée sous le règne de Sésourtasen Iᵉʳ, et qu'il a été
» visiter. Cette précieuse mention montre que le roi Terenra,
» dont le cartouche se voit en tête de la stèle n° 11, appar-
» tient à l'époque qui s'est écoulée entre la XIIᵉ dynastie
» et la venue des Pasteurs, c'est-à-dire à la XIIIᵉ ou à la
» XIVᵉ dynastie. » La traduction du texte peut ajouter

1. Publié dans Chabas, *Mélanges égyptologiques*, 3ᵉ série, t. II,
p. 203-217 ; tirage à part in-8ᵉ de quinze pages et 2 planches.
2. *Notice des Monuments*, etc., 2ᵉ édit., 1852, p. 65.

quelques renseignements utiles à cet exposé du savant égyptologue dont la science déplore la perte récente. C'est la
tâche que j'aborde dans le présent Mémoire.

Outre l'importance que ces stèles ont pour l'histoire et la
chronologie, elles révèlent le fait intéressant de la fondation
d'un temple à Abydos par le roi Ousertasen Ier, ainsi que la
restauration de ce monument sous le règne d'un autre roi de
l'ancien empire, dont la place n'est pas encore fixée. Je reproduis sur les planches V et VI la copie des deux stèles,
quoique le n° 11 ait déjà été publié par M. Samuel Sharpe[1].

Voici la traduction de ces textes :

Traduction de la stèle n° 12 (pl. V).

Royale offrande à Osiris, qui réside dans l'Amenti (l'*occident*), dieu grand, seigneur d'Abydos; qu'il donne des
offrandes de lait, de bœufs et d'oies, splendeur et puissance
dans le Kher-neter, au Met-en-sa d'Abydos, Ameniseneb,
le véridique, fils de Ua-em-kau, enfanté par la dame Nebatef.

Il dit : Est venu le secrétaire du gouverneur Seneb, fils
du gouverneur, pour m'appeler de la part du gouverneur.
Je partis avec lui : je trouvai le poliarque-gouverneur qui
vivait dans sa demeure. Alors ce seigneur me donna une
mission, en disant : J'ordonne que tu fasses restaurer le
temple d'Abydos. Tu mettras des ouvriers selon son état[2],
et des horoscopes des domaines et du magasin des propriétés
divines.

Je le fis restaurer dans sa partie inférieure et dans sa
partie supérieure, dans ses murs, ensuite dans son intérieur ; il fut peint à la manière d'un livre, en couleurs, en
émaux, en substances brillantes, en renouvellement de ce
qu'avait fait le roi Ousertesen Ier.

1. Sam. Sharpe, *Egypt. Inscr.*, 2nd Ser., pl. 24.
2. Selon l'état du temple et les réparations que cet état exige.

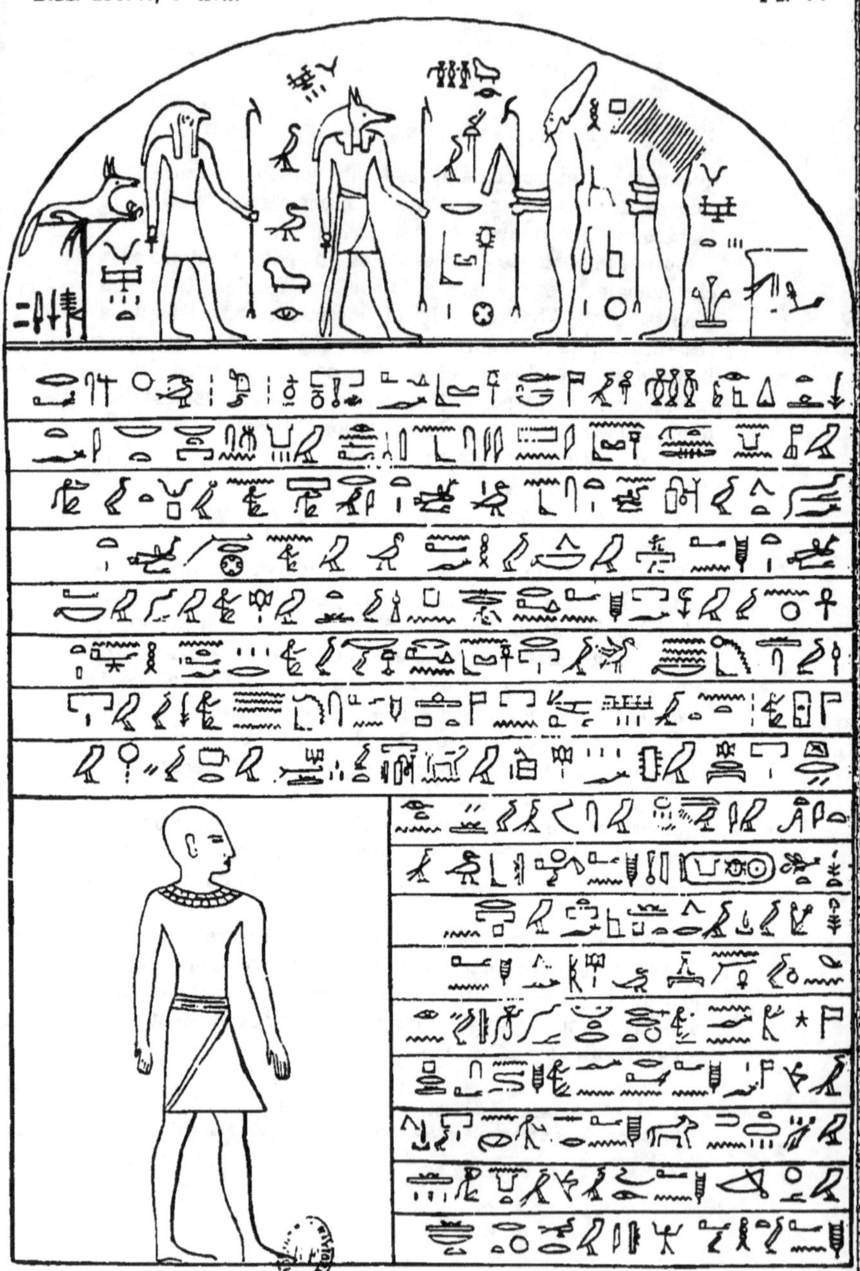

STÈLE C 12 DU LOUVRE

Alors l'*Abri du Figuier* (le *pharaon*) vint rejoindre son lieu dans ce temple ; l'officier de la charge du sceau Anhoursi le suivait.

Il me rendit un honneur plus grand que toute autre chose, en disant : Excellentes les choses qu'il a faites pour son dieu !

Puis il me donna la valeur de dix offrandes assorties de..... et de pains, et un jeune veau.

Puis le Sar des oblations partit, et voilà qu'il vit les constructions : alors il s'en réjouit plus que de toute autre chose.

Traduction de la stèle n° 11 (pl. VI).

Ordre donné au Met-en-sa d'Abydos, Ameniseneb, savoir : J'ai vu les travaux que tu as faits. Par la faveur du souverain, par la faveur de sa personne auguste, passe une vieillesse heureuse dans le temple de 'on dieù ! Alors, ordre de me donner la partie postérieure d'un jeune bœuf. Puis un ordre me fut donné, à savoir : Opère toutes les vérifications de ce qui est dans ce temple.

Je fis selon tous les ordres qui m'avaient été donnés. Je fis consolider soigneusement chaque place de chacun des dieux qui sont dans le temple, renouvelant leurs autels avec du bois de cèdre ; il y eut plus d'autels qu'il n'y en avait auparavant.

Je m'appliquai de tout cœur au bien de mon dieu, et le souverain m'en récompensa[1].

1. Dans le registre inférieur de cette stèle, le défunt est représenté debout devant Anubis. Quatre lignes d'hiéroglyphes disent ce qui suit :

« Offrande royale à Ap-herou, seigneur de Tosar : qu'il accorde le
» souffle délectable de la vie à la personne du Met-en-sa d'Abydos,
» Ameniseneb, justifié, enfanté par la dame Neb-t-atef, justifiée;
    » Adoration à Ap-herou, seigneur d'Abydos, lorsqu'il se montre;
    » Par moi, Met-en-sa d'Abydos, Ameniseneb, justifié, fils de Oua-
» em-Kaou. »

Les deux stèles sont consacrées à un seul et même personnage nommé Ameniseneb. L'époque à laquelle il appartient pourrait être fixée au juste si l'on connaissait celle du roi dont les deux cartouches sont gravés dans le cintre n° 11' et qui se lisent Ter-en-ra Masha-en-ra : [cartouche] . Mais la place de ce pharaon, qui jusqu'à présent n'est connu que par ce seul monument, n'a été déterminée que d'une manière conjecturale à l'aide de la stèle n° 12, où l'on trouve à la ligne 10 la mention du cartouche de Ousertesen [cartouche], deuxième roi de la XII° dynastie, dont Ameniseneb dit avoir renouvelé les travaux au temple d'Abydos. Le règne de Ter-en-ra est par conséquent postérieur à la XII° dynastie. M. de Rougé a proposé de le placer dans la XIII° ou dans la XIV°. Cependant la restauration radicale du temple d'Abydos dont parlent nos textes pourrait suggérer l'idée que cet édifice avait été ruiné par l'invasion des Pasteurs, et réparé lors du rétablissement de l'autorité pharaonique, ce qui ferait penser que le règne de Ter-en-ra a pu appartenir à la XVII° dynastie ; mais les édifices de l'Égypte tombaient trop souvent en ruine par des motifs autres que l'invasion étrangère pour qu'on attache beaucoup d'importance à cette remarque. D'un autre côté, le style des deux monuments est celui qui caractérise les textes de l'ancien empire'. L'attribution proposée par M. de Rougé est par suite extrêmement vraisemblable.

1. Voici la traduction des inscriptions placées sous le disque ailé dans la partie arrondie du haut de la stèle.

Au centre, de droite à gauche :

« Le dieu bon, seigneur des deux mondes, maître de faire les choses,
» le roi de la Haute et de la Basse Égypte Ma-sha-en-ra, vivificateur
» éternel, (aimé) d'Horus d'Edfou. »

Et de gauche à droite :

« Fils du Soleil, de ses entrailles, Ter-en-ra, vivificateur éternel,
» stable et parfait, (aimé) d'Horus d'Edfou. »

2. Ma note sur *Le transport d'un colosse*, ci-devant [*Mélanges égyp-*

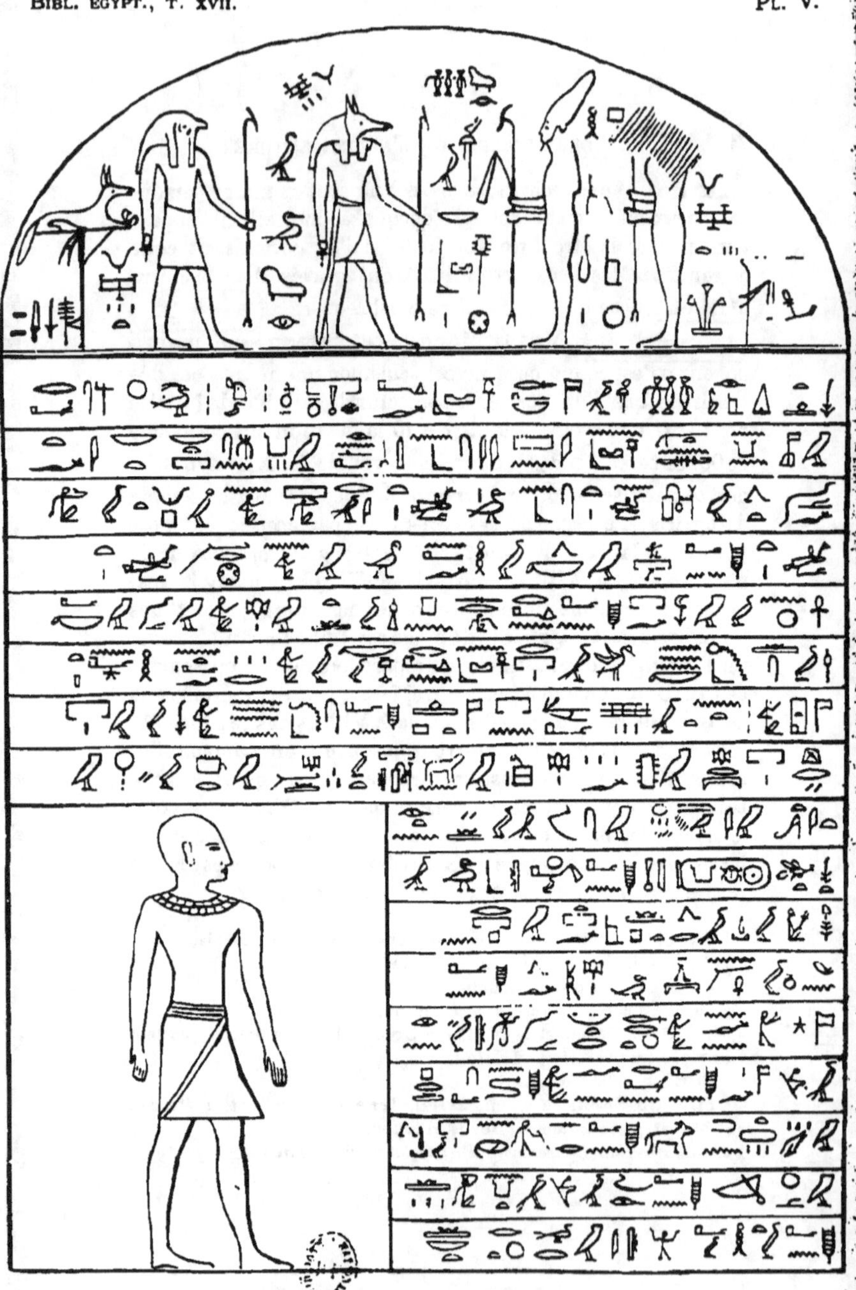

STÈLE C 12 DU LOUVRE

Sur les deux stèles, Ameniseneb est représenté vêtu de la tunique ordinaire, la tête rasée et portant au cou un collier. Il a le titre de [hiéroglyphes], *Met-en-sa* d'Abydos. Mais ni notre texte ni aucune des inscriptions où ce titre se trouve ne fournissent de renseignements sur la nature des fonctions qu'il désigne. Était-ce un emploi ou simplement un titre? Le *Met-en-sa* avait un rang inférieur au poliarque ([hiéroglyphes]) et même au chancelier ([hiéroglyphes]), et pourtant ce titre fut porté par de très hauts fonctionnaires. Dans une des tombes de Beni-Hassan[1] il se joint à ceux de [hiéroglyphes], *noble chef*, [hiéroglyphes], *chambellan* (?)[2], [hiéroglyphes], *un des semers*, [hiéroglyphes], *chef supérieur*, titres qui sont suivis par celui de [hiéroglyphes], [hiéroglyphes], *Met-en-sa dans le temple*. Si l'on analyse ce groupe, on le trouve composé des signes [hiéroglyphes] et [hiéroglyphes] liés ensemble par la particule [hiéroglyphes]. Le premier est en rapport avec de nombreuses idées. En choisissant celle de *examiner*, *juger*, et en donnant au caractère [hiéroglyphes] son sens particulier, qui est *protection, salut, conservation*, on pourrait traduire l'expression entière par *examinateur du salut*, c'est-à-dire *surveillant, inspecteur de la conservation*. Cette conjecture est justifiée par le fait que le dernier emploi conféré à notre personnage, ainsi que l'explique la stèle 11, consistait à faire les vérifications générales du temple, et qu'en vertu de cette fonction il était chargé du soin de faire consolider toutes les chapelles et d'en réparer les autels.

La stèle n° 12 nous raconte que le secrétaire du gouverneur se présenta chez Ameniseneb et l'invita à l'accompagner chez son maître. Ce fonctionnaire, qui est désigné par le

tologiques, 3ᵉ série, t. II,] p. 103, donne la traduction d'un monument de la XIIᵉ dynastie, qu'on peut comparer sous le rapport du style aux stèles expliquées par M. de Horrack. — F. C.

1. Lepsius, *Denkmäler*, II, pl. 21.
2. Maspero, *Jeunesse de Ramsès II*.

groupe 〔hieroglyphes〕, que je traduis *gouverneur*, porte à la ligne suivante le titre de 〔hieroglyphes〕, *préposé de la ville, gouverneur*. Cette variante fait ressortir le fait déjà signalé par M. Chabas, que le premier titre est une abréviation du dernier, ou que les deux désignaient une même fonction exercée par un même personnage[1]. Notons que le poliarque avait un *secrétaire*, 〔hieroglyphes〕, attaché à sa personne[2], et que d'après notre stèle c'était le fils du poliarque qui remplissait cette fonction. Ameniseneb se rend avec ce secrétaire chez le gouverneur, qui *vivait dans sa maison*, 〔hieroglyphes〕[3]. Le gouverneur est désigné ici par le titre de *seigneur*, 〔hieroglyphes〕, *sar*; il confie à notre personnage une mission : 〔hieroglyphes〕 : *J'ordonne que tu fasses restaurer[4] le temple d'Abydos.* Observons d'abord la fonction de la particule 〔hieroglyphes〕, qui, d'après M. de Rougé[5]. remplace soit un auxiliaire, soit un

1. Chabas. *Mélanges*, III, tome Ier, p. 165 et suiv.

2. *Ibid.*, p. 160.

3. 〔hieroglyphes〕, *kha*, signifie littéralement *autel, table sur laquelle est exposée l'offrande*: il désigne aussi une demeure, un local, et l'on dit le *kha des écritures* pour désigner le cabinet des livres ou des archives. Un Égyptien, qui se donne le titre de *la justice du roi*, dit qu'il sait tout ce qui se dit 〔hieroglyphes〕, *dans toute demeure* (Sharpe, *Egypt. Inscr.*, 2ᵉ série, pl. 83). *Kha* signifie, par conséquent, la demeure privée, le *home*.

4. 〔hieroglyphes〕 signifie à la lettre *nettoyer, laver, purifier*, mais se dit aussi des embellissements, des réparations, de la restauration; un meuble d'ébène incrusté d'or est dit purifié avec l'or. Dans notre texte, il s'agit de refaire des murs, de réparer l'intérieur d'un temple et de renouveler son ornementation. L'idée *purifier* serait insuffisante en français pour indiquer des travaux de ce genre.

5. *Chrestomathie*, p. 191. — Je crois que 〔hieroglyphes〕 est ici, et dans

pronom ordinaire, quand elle forme le sujet de la phrase.
L'affixe personnel qui s'y joint ordinairement manque ici :
j'y ai suppléé le pronom personnel de la troisième personne,
qui me paraît convenir le mieux, ainsi que dans la phrase
suivante de la stèle n° 11, ligne 1 : [hiéroglyphes]
[hiéroglyphes]. *J'ai vu les travaux que tu as faits.* Cette
dernière traduction n'est cependant nullement certaine[1].

Le temple d'Abydos qu'il s'agissait de restaurer est désigné simplement par les groupes [hiéroglyphes], qui
ne nous renseignent pas sur le culte auquel cet édifice était
consacré. Mais l'article [hiéroglyphes] qui précède le substantif
[hiéroglyphes] annonce que ce dernier est employé dans un sens déterminé et qu'il désigne un édifice particulier de la ville.
Il s'agit donc probablement du fameux temple d'Osiris.
Malheureusement l'identité de ce monument avec celui de
notre texte ne peut plus être vérifiée, car les ruines du temple
ont presque entièrement disparu. « En s'avançant toujours
» vers le nord, » dit M. Mariette dans l'Avant-Propos du
premier volume de son *Abydos*, « est une vaste enceinte de
» briques crues. On y devine plutôt qu'on n'y distingue **un**
» troisième temple. Celui-ci était consacré à Osiris et ren-
» fermait le sanctuaire fameux honoré par l'Égypte entière. »
Les ruines des deux autres temples dont parle M. Mariette

---

l'exemple cité plus bas, une conjonction, et qu'il faut traduire : *Comme
il y a ordre de faire restaurer le temple d'Abydos, mets des ouvriers*, etc.
Le pronom sujet de [hiéroglyphes], *vouloir, ordonner*, n'est pas exprimé.
Ces tournures elliptiques sont presque toujours employées quand il
s'agit de parler du pharaon. C'est un ordre royal que le gouverneur
transmettait à Ameniseneb. — F. C.

1. Le scribe me semble encore ici rester à dessein dans l'indétermi-
nation, parce qu'il s'agit du roi lui-même, qui a vu de ses propres yeux
et par les yeux des hauts fonctionnaires qu'il a envoyés sur les lieux.
On peut conserver le mot à mot égyptien : *Comme on a vu les travaux
que tu as faits*, etc. — F. C.

sont celles d'un temple construit par Séti Ier et celles d'un
temple fondé par Ramsès II. Ces deux monuments importants
sont donc bien postérieurs à la XIIe dynastie et n'ont rien
de commun avec le temple dont parle notre inscription.
Quoi qu'il en soit, les détails qu'on trouve dans la suite du
texte sont si généraux, qu'on peut les rapporter à n'importe
quel édifice sacré. Il faut donc se contenter du seul renseignement que fournisse notre texte, celui de la fondation d'un
temple à Abydos par le deuxième roi de la XIIe dynastie[1].

Le poliarque ordonne à Ameniseneb de prendre *des
ouvriers.* ⸤hiéroglyphes⸥, *d'après l'état du temple* (⸤hiéroglyphes⸥).
Les ⸤hiéroglyphes⸥ sont les artistes travaillant du ciseau ou du
burin; nous avons vu, en effet, que la décoration du temple
fut renouvelée.

Ameniseneb dut aussi pourvoir le temple de ⸤hiéroglyphes⸥
⸤hiéroglyphes⸥, c'est-à-dire des *prêtres de
l'heure* (forme pleine ⸤hiéroglyphes⸥), ou horoscopes chargés
de veiller à la régie des terres appartenant au temple et au
magasin des propriétés divines. Il est peut-être difficile
d'arriver à une grande précision dans la traduction de ces
noms de fonctions. Mais le culte étant reconstitué, il fallait
à l'instant pourvoir aux dépenses des offrandes et à la régie
des biens qui y étaient affectés.

Les réparations furent exécutées d'abord dans la partie
inférieure et dans la partie supérieure (⸤hiéroglyphes⸥);
puis on refit les murs (⸤hiéroglyphes⸥). Ensuite on restaura l'intérieur
(⸤hiéroglyphes⸥, *khen*).

---

1. Je crois que le texte n'attribue pas à Osortasen Ier la fondation
du temple dont il s'agit, mais seulement une reconstruction à neuf
(⸤hiéroglyphes⸥). Ce temple serait donc encore plus ancien. —
F. C.

En dernier lieu, le temple fut repeint, [hiéroglyphes], littéralement : *il y eut des peintures* : [hiéroglyphes]
[hiéroglyphes]. Ces trois termes indiquent les substances
qui servirent à tracer les hiéroglyphes et les scènes mythologiques dont le temple était décoré. Ce sont des couleurs,
des émaux, des matières brillantes d'incrustation ou d'enlu-
minure, à propos desquelles je renonce à tenter des identifications qui resteraient forcément problématiques. Le premier terme est fréquemment cité comme un des matériaux
de l'écriture ou de la peinture ; le second se rencontre sous la
forme [hiéroglyphes], et le troisième sous celle de [hiéroglyphes].

Ces peintures étaient, dit le texte, faites [hiéroglyphes]. Ici je ne
distingue pas bien l'intention du texte[1].

Le surplus de l'inscription n° 12 ne concerne que les témoignages de satisfaction obtenus par Ameniseneb après
l'accomplissement de la tâche qui lui avait été confiée. Deux
personnages firent le voyage d'Abydos à cette occasion. Le
premier est désigné par les groupes [hiéroglyphes],
que j'ai d'abord considérés comme un titre de fonction
suivi d'un nom : *le khou* ou *directeur Bak*. Le mot *khou*
signifie *défendre, protéger, soigner*, en latin *fovere ;* ce serait
donc une expression convenable pour caractériser les fonctions
du directeur ou plutôt du conservateur d'un temple. Mais
M. Chabas, en me faisant remarquer que l'on n'a pas encore
rencontré dans la hiérarchie sacerdotale ou administrative

---

1. Il faut comparer à ce texte les légendes du plan de l'hypogée royal
sur lequel j'ai disserté. L'expression si souvent répétée sur ce plan :
[hiéroglyphes], donne une explication ad-
missible de [hiéroglyphes], *à l'instar d'un livre.* — F. C.

2. Le dessin donne ici le signe de la vie au lieu du pedum sur les
genoux du roi assis.

une fonction de ce nom, me suggère une explication bien différente pour ce passage. Selon cet égyptologue, les groupes [hiéroglyphes], qui signifient à la lettre l'*Abri du Figuier*, désignent le pharaon lui-même, ce que montre d'ailleurs la petite figure royale ou divine qui sert de déterminatif. M. Chabas trouve de nombreuses et excellentes preuves de cette interprétation dans l'innombrable série des expressions qui servent à nommer la personne royale ; il se réserve de traiter ailleurs ce sujet si important pour l'interprétation de certains textes.

Le roi était accompagné d'un haut fonctionnaire, le [hiéroglyphes], ou *officier du préfet du sceau*, ou peut-être plus simplement *officier de la charge du sceau*. Ce titre est connu par d'autres monuments. Les [hiéroglyphes] étaient des chefs militaires et administratifs d'un rang très élevé ; des princes de la famille royale occupèrent parfois cet emploi. Cette circonstance tend encore à prouver que le personnage auquel l'*officier de la charge du sceau* servait de suite ne peut être que le roi.

Nous pouvons donc tenir pour certain que le roi Ter-en-ra fit à Abydos un voyage dont le but était de [hiéroglyphes], *rejoindre son lieu dans le temple*. Évidemment il ne faut pas prendre cette expression au point de vue funéraire, car le roi était vivant, et put rendre à Ameniseneb l'honneur divin, selon l'expression du texte, c'est-à-dire la plus haute marque d'estime et de satisfaction[1]. Mais il avait pu faire préparer sa sépulture à Abydos, où se trouvait le tombeau le plus vénéré d'Osiris. Au témoignage de Plutarque, on y enterrait les riches et les puissants qui ambitionnaient le privilège d'avoir une sépulture près de

---

1. On connaît d'autres exemples de cette expression attribuant l'honneur divin à des fonctionnaires bien méritants ; il est évident qu'il ne s'agit pas d'un culte, mais seulement d'un honneur extraordinaire.

celle du dieu¹. S'il ne s'agit pas du tombeau royal, le lieu du
roi ne pourrait être qu'une chapelle ou une résidence dans
le temple. Espérons que les fouilles de M. Mariette nous
livreront quelque jour la solution du problème.

Ter-en-ra admire beaucoup le travail accompli par Ameniseneb; il lui rendit un honneur incomparable, et s'écria :

Excellentes les choses faites pour son dieu!

est un adjectif d'approbation, de supériorité,
d'excellence, qui se retrouve dans le copte ⲟⲧⲟⲧ, *præstans*.
L'arrangement est très remarquable ; il faut le
comparer à ; en copte comme en égyptien ⲛⲉ, ⲧⲉ, ⲛⲉ
sont des auxiliaires fonctionnant comme des déterminatifs
du verbe², et pourraient être supprimés sans nuire à l'intelligence des phrases.

Puis le roi donne à Ameniseneb la quantité de 10 oblations
assorties³. Les présents d'or, d'argent et d'objets de luxe
n'étaient point encore d'usage ordinaire.

Il vint en dernier lieu un autre fonctionnaire, le
, *prince de la maison des offrandes* ou de la *maison
du bonheur.* Le bouton s'échange avec pour exprimer l'idée *joie, bonheur*, et, dans un texte publié par
M. Dümichen, il remplace . Mais ces variantes sont de
basse époque ; nous devons nous résoudre à ne pas reconnaître
exactement la fonction du dernier venu, qui se contenta
d'exprimer sa grande joie à la vue des travaux exécutés.
Le roi seul avait fait des présents.

1. Plutarque, *Sur Isis et Osiris.*
2. Peyron, *Lexicon copticum*, 164.
3. Il y a quelques signes effacés ou douteux dans les détails de l'as-
sortiment.

Il est à observer que dans ce passage le texte ne donne pas le nom des fonctionnaires ; il les désigne seulement par le titre de leurs fonctions, de même qu'il n'a désigné le roi que par une qualification assez exceptionnelle.

La stèle n° 11 (pl. VI) est chronologiquement postérieure à celle que nous venons d'expliquer, puisqu'elle mentionne l'exécution des travaux et non plus l'ordre de les exécuter. La satisfaction royale s'était d'abord manifestée par des dons et par des éloges. Cette deuxième stèle parle d'une récompense plus significative : un rescrit du roi autorisa Ameniseneb à passer le reste de sa vie dans le temple qu'il avait réparé. Le message royal était accompagné d'un quartier de bœuf[1], présent dont toute l'importance provenait de son origine ; c'était sans doute un morceau qui avait été destiné à la table royale.

La retraite accordée à notre personnage n'était pas absolument une sinécure, car il fut chargé de faire les inspections périodiques du temple et de le maintenir en bon état de réparations. Ameniseneb accomplit ce mandat avec zèle, fit consolider toutes les chapelles de l'édifice, embellir les autels, et en augmenta le nombre, ce qui lui valut de nouvelles récompenses de la part du roi.

Telles sont les données des deux textes que j'ai traduits ; elle ne sont pas sans intérêt, mais des découvertes nouvelles pourraient en rendre bien plus grande l'importance au point de vue historique.

____

1. ⟨hieroglyphes⟩, *la partie postérieure d'un jeune bœuf* ; c'était un morceau d'honneur.

LES

LAMENTATIONS D'ISIS ET DE NEPHTHYS[1]

———

Les Égyptiens, pénétrés de l'idée de la résurrection des âmes et des corps, assimilaient tous ceux dont ils pleuraient la perte à Osiris, tour à tour caché et renaissant à la vie, à Osiris que combat Set ou Typhon, génie des ténèbres et de la mort, d'abord victorieux, puis vaincu grâce aux prières d'Isis et de Nephthys, emblèmes de charité, secondées par Horus, génie de la lumière.

Dans les chants de deuil qui suivent, on implore, avec une simplicité touchante, en faveur d'une défunte qu'on désire voir appelée à la vie éternelle, le secours des deux sœurs dont les prières ont ressuscité l'âme d'Osiris.

Ce morceau remarquable a été traduit par l'égyptologue distingué M. J. de Horrack, d'après un manuscrit hiératique du Musée royal de Berlin, provenant des ruines de Thèbes, où il fut découvert par feu M. Passalacqua, dans l'intérieur d'une statue représentant Osiris[2].

1. Extrait de la *Bibliothèque internationale universelle*, 1870, Paris, Maisonneuve, t. II, p. 195-197.

2. Voir plus haut le mémoire de M. de Horrack, p. 33-53 du présent volume.

PRÉAMBULE[1]

Invocations précieuses faites par les deux sœurs divines, dans la maison d'Osiris Khent-ament[2], dieu grand, seigneur d'Abydos, au mois de Choïak, le vingt-cinquième jour. On fait de même dans toutes les demeures d'Osiris, et dans toutes ses fêtes, et cela est avantageux à son âme, affermit son corps, répand la joie dans son être, donne le souffle aux narines, à l'aridité du gosier ; cela satisfait le cœur d'Isis ainsi que (celui de) Nephthys ; cela place Horus sur le trône de son père ; cela donne la vie, la stabilité, la tranquillité à Osiris Tentrut, fille de Takha–aa, qu'on surnomme Persaïs, justifiée. Il est profitable de faire ceci conformément aux divines paroles.

I

ÉVOCATION D'ISIS

Elle dit :

Viens à ta demeure, viens à ta demeure, ô dieu An[3] ! Viens à ta demeure ! Tes ennemis ne sont plus. O excellent souverain, viens à ta demeure ! Regarde-moi. Je suis ta sœur qui t'aime. Ne t'arrête pas loin de moi, ô bel adolescent. Viens à ta demeure, vite, vite. Ne m'aperçois-tu pas ?

1. Ce paragraphe, qui forme le titre général du manuscrit, indique clairement que les invocations qui suivront ont été adressées par Isis et Nephthys à leur frère Osiris ; qu'elles ont été la cause de sa résurrection, et que, pour ce motif, elles seront avantageuses et efficaces pour la défunte, la dame Tentrut, qu'elles animeront d'une vie nouvelle en lui rendant le souffle vital.

2. Littéralement : « qui demeure dans l'Occident ».

3. Le titre de dieu An, sous lequel Osiris est invoqué, se rencontre au chapitre LXXXIX du *Rituel funéraire*, où le défunt adresse à An la prière de réunir son âme à son corps dans la région des ombres.

Mon cœur est dans l'amertume à cause de toi : mes yeux te cherchent. Je te cherche pour te voir. Tarderai-je à te voir ; tarderai-je à te voir, ô excellent souverain ; tarderai-je à te voir ? Te voir, c'est le bonheur : te voir, c'est le bonheur ! ô dieu An, te voir c'est le bonheur ! Viens à celle qui t'aime. Viens à celle qui t'aime. Viens à celle qui t'aime, ô Ounnefer, justifié. Viens à ta sœur. Viens à ta femme. Viens à ta femme, ô Ourthet ! Viens à ton épouse. Je suis ta sœur par ta mère. Ne te sépare pas de moi. Les dieux et les hommes (tournent) leurs faces vers toi pour te pleurer, tous, à la fois, depuis qu'ils me voient poussant des plaintes jusqu'au haut du ciel ; et tu n'entends pas ma voix. Je suis ta sœur qui t'aime sur la terre, personne autre ne t'a aimé plus que moi (ta) sœur, (ta sœur)[1].

II

Évocation de Nephthys

Elle dit :

O excellent souverain, viens à ta demeure ! Réjouis-toi, tous tes ennemis sont anéantis. Tes deux sœurs sont auprès de toi, en sauvegarde de ton lit funèbre, à t'appeler en pleurant, toi qui es renversé sur ton lit funèbre. Tu vois (nos) tendres sollicitudes, parle-nous, ô chef suprême, notre seigneur. Détruis toutes les angoisses qui sont dans notre cœur. Tes compagnons, qui sont les dieux et les hommes, lorsqu'ils te voient (s'écrient) : à nous ta face. ô chef suprême, notre seigneur ; la vie pour nous, c'est de voir ta face ; que ta face ne se détourne pas de nous ; la joie de notre cœur est de te contempler, ô souverain ; notre cœur est heureux de te voir.

1. Ce paragraphe rappelle la scène bien connue de la momie étendue sur son lit funèbre, auprès duquel se tiennent, dans l'attitude du deuil, Isis et Nephthys veillant sur le défunt et se lamentant, *comme elles l'ont fait*, disent les légendes, pour leur frère Osiris.

Je suis Nephthys, ta sœur, qui t'aime. Ton ennemi a succombé : il n'existe plus. Je suis avec toi en sauvegarde de tes membres à perpétuité et éternellement.

III

INVOCATION D'ISIS

Elle dit :

O dieu An, tu brilles pour nous, au ciel, chaque jour.

Nous ne cessons plus de voir tes rayons. Thoth est pour toi en sauvegarde ; il élève ton âme dans la barque Ma-at, en ce nom, qui est le tien, de dieu Lune. Je suis venue pour te contempler ; tes beautés sont au milieu de l'œil sacré[1], en ce nom, qui est le tien, de seigneur de la panégyrie du sixième jour. Tes compagnons sont auprès de toi ; ils ne se séparent plus de toi. Tu t'es emparé du ciel par la grandeur des terreurs que tu inspires, en ce nom, qui est le tien, de seigneur de la panégyrie du quinzième jour. Tu nous illumines comme Ra[2], chaque jour ; tu brilles sur nous comme Atoum[3]. Les dieux et les hommes vivent parce qu'ils te voient. Tu rayonnes sur nous, tu éclaires les deux mondes. Le double horizon sans cesse te livre passage. Les dieux et les hommes (tournent) leur face vers toi : rien n'est nuisible pour eux quand tu brilles. Tu navigues en haut du ciel et ton ennemi n'existe plus.

Je suis ta sauvegarde chaque jour. Toi qui viens à nous en fils aîné de l'éternité, nous ne cessons plus de te contempler. Ton émanation rehausse l'éclat des étoiles de Sahou au ciel, en brillant et en disparaissant chaque jour.

Je suis la divine Sothis derrière lui ; je ne me sépare pas de lui !

1. L'œil sacré désigne ici le disque de la lune.
2. Le soleil levant.
3. Le soleil couchant.

L'émanation sainte qui sort de toi fait vivre les dieux et les hommes, les reptiles et les quadrupèdes. Ils vivent par elle.

Tu viens à nous de ta retraite, à ton temps, pour répandre l'eau de ton âme, pour prodiguer les pains de ton être, afin de faire revivre les dieux et les hommes aussi. O divin seigneur ! Il n'est pas de dieu semblable à toi. Le ciel a ton âme, la terre a tes dépouilles, le ciel inférieur est en possession de tes mystères. Ton épouse te sert de sauvegarde, ton fils Horus est le roi des mondes[1].

IV

INVOCATION DE NEPHTHYS

Elle dit :

O excellent souverain, viens à ta demeure ! Ounnefer justifié, viens à Tattou. O taureau fécondateur, viens à Anap. Bien-aimé de l'Adytum, viens à Kha ; viens à Tattou, lieu que préfère ton âme. Les esprits de tes pères te secondent ; ton fils, l'adolescent Horus, fils de tes deux sœurs, est devant toi. Au lever de la lumière, je suis ta sauvegarde chaque jour. Je ne me sépare jamais de toi !

O dieu An, viens à Sais ! Sais est ton nom. Viens à Aper, tu verras ta mère Neith. Bel enfant, ne t'arrête pas loin

---

1. Tout ce paragraphe se rapporte à la manifestation lunaire d'Osiris. Le dieu navigue dans l'arche sainte sous la forme de la lune ; il parcourt l'espace, accompagné de son escorte céleste, en dominant au ciel en maître absolu ; sa splendeur jette de l'éclat sur le divin Sahou, nom que les Égyptiens ont donné à la constellation d'Orion, dans laquelle était placée l'âme d'Osiris. Il paraît au ciel, chaque jour, suivi de la divine Sothis, l'étoile de Sirius, où l'âme d'Isis était censée résider. Son émanation, son influence humide donnent la vie aux êtres animés et même aux dieux. Puis Osiris semble être assimilé au Nil, ainsi qu'au bœuf Apis. Son âme, c'est l'eau qui abreuve son être tout entier, c'est la nourriture de l'univers.

d'elle. Viens à ses mamelles (pour) t'y abreuver. Frère
excellent, ne t'arrête pas loin d'elle! O fils, viens à Saïs!

Osiris-Tarut, surnommée Naïnal, fille de Persaïs, justifiée, viens à Aper, ta ville. Ta demeure est Tab. Tu (y)
reposes auprès de ta mère divine pour toujours. Elle protège tes membres ; elle disperse tes ennemis, elle est la
sauvegarde de tes membres à jamais.

O excellent souverain, viens à ta demeure ! Seigneur de
Saïs, viens à Saïs¹ !

V

INVOCATION D'ISIS

Elle dit :

Viens à ta demeure ! viens à ta demeure, excellent souverain ! Viens à ta demeure, viens voir ton fils Horus, chef
suprême des dieux et des hommes. Il a pris possession des
villes et des campagnes par la grandeur du respect qu'il
inspire. Le ciel et la terre sont sous sa crainte, les barbares
sous sa terreur. Tes compagnons², qui sont les dieux et les
hommes, sont devenus siens dans les deux hémisphères
pour accomplir tes cérémonies mystérieuses. Tes deux sœurs
sont auprès de toi, offrant des libations à ta personne ; ton
fils Horus accomplit pour toi l'oblation funèbre de pains,
de breuvages, de bœufs et d'oies ; Thoth institue ta panégyrie en t'appelant dans ses louanges. Les enfants d'Horus
sont la sauvegarde de tes membres, glorifiant ton âme
chaque jour. Ton fils Horus salue ton nom (dans) ta

---

1. Cette invocation s'adresse encore à Osiris, dont elle fait ressortir
la manifestation solaire. Le dieu, revenant à la vie, est assimilé au
soleil diurne, et, suivant notre papyrus, sa mère devient alors Neith,
la déesse mère du soleil par excellence. D'après une observation de
M. Devéria, Neith paraît s'identifier plus particulièrement avec le *ciel
du jour*, tandis que Nu-t, qui représente aussi la voûte céleste, est considérée comme le type du ciel nocturne.

2. Ton escorte.

demeure mystérieuse, en te présentant les choses (consacrées) à ta personne. Les dieux tiennent à la main des vases pour faire des libations à ton être. Viens à tes compagnons, chef suprême, notre seigneur, ne te sépare plus d'eux[1].

1. Ici finissent les invocations. Cette section présente un chant de triomphe. Osiris, renaissant sous la forme d'Horus vainqueur ou du soleil levant, est devenu le maître du monde entier qui le révère; les dieux et les hommes acceptent et pratiquent son culte, qui est institué partout.

LAMENTATIONS OF ISIS AND NEPHTHYS[1]

This papyrus was found by the late Mr. Passalacqua, in the ruins of Thebes, in the interior of a statue representing Osiris. It is divided into two parts, very distinct. The first contains chapters of the funeral ritual in the hieroglyphic writing; the second, of which a translation here follows, consists of five pages, of a fine hieratic writing of the lower epoch (probably about the time of the Ptolemies).

This manuscript now belongs to the Royal Museum of Berlin, where it is registered under the No. 1425.

A partial translation of it was published in 1852 by M. H. Brugsch, *Die Adonisklage und das Linoslied*. He translated the second page and the beginning of the third, but without giving the hieratic text. I have since published and completely translated this interesting document, *Les Lamentations d'Isis et de Nephthys*, Paris, 1866[2], and now give the English translation revised.

The composition has a great analogy with the *Book of Respirations*, a translation of which will be added here. Both refer to the resurrection and renewed birth of Osiris (the type of man after his death) who, in this quality, is identified with the Sun, the diurnal renewal of which con-

---

1. Publié dans les *Records of the Past*, 1ʳ Ser., t. II, p. 117-126.
2. Voir ce mémoire plus haut, p. 33 du présent volume.

stantly recalled the idea of a birth eternally renewed. The object of the prayers recited by Isis and Nephthys is to effect the resurrection of their brother Osiris, and also that of the defunct to whom the papyrus is consecrated.

TRANSLATION

Recital of the beneficial formulæ
made by the two divine Sisters [1]
in the house of Osiris who resides in the West,
Great god. Lord of Abydos,
in the month of Choiak, the twenty-fifth day.
They are made the same in all the abodes of Osiris,
and in all his festivals;
and they are beneficial to his soul,
giving firmness to his body,
diffusing joy through his being.
giving breath to the nostrils, to the dryness of the throat;
they satisfy the heart of Isis as well as (that) of Nephthys;
they place Horus on the throne of his father,
(and) give life, stability, tranquillity to Osiris-Tentrut [2].
born of Takha-aa, who is surnamed Persais. the justified.
It is profitable to recite them,
in conformity with the divine words.

Evocation by Isis [3]. She says:

Come to thine abode. come to thine abode !
God An [4], come to thine abode !
Thine enemies (exist) no more.

1. Isis and Nephthys.
2   e name of Osiris is invariably prefixed to that of the deceased. the ......ter being always assimilated to this god.
3. The first two sections are *evocations* addressed to Osiris defunct, expressing the grief of his two sisters at the loss of their brother, and referring to the search made by them after him.
4. One of the names of Osiris.

Oh excellent Sovereign, come to thine abode!
Look at me; I am thy sister who loveth thee.
Do not stay far from me, oh beautiful youth.
Come to thine abode *with haste, with haste.*
I see thee no more.
My heart is full of bitterness on account of thee.
Mine eyes seek thee;
I seek thee to behold thee.
Will it be long ere I see thee?
Will it be long ere I see thee?
(Oh) excellent Sovereign,
will it be long ere I see thee?
Beholding thee is happiness;
Beholding thee is happiness.
(Oh) god AN, beholding thee is happiness.
Come to her who loveth thee;
come to her who loveth thee,
(oh) UN-NEFER[1], the justified.
Come to thy sister, come to thy wife;
come to thy sister, come to thy wife,
(oh) URT-HET[1], come to thy spouse.
I am thy sister by thy mother;
do not separate thyself from me.
Gods and men (turn) their faces towards thee,
weeping together for thee, whenever (they) behold me.
I call thee in (my) lamentations
(even) to the heights of Heaven,
and thou hearest not my voice.
I am thy sister who loveth thee on earth;
no one else hath loved thee more than I,
(thy) sister, (thy) sister.

Evocation by Nephthys.   She says:

Oh excellent Sovereign, come to thine abode.
Rejoice, all thine enemies are annihilated!
Thy two sisters are near to thee,

1. Surname of Osiris.

protecting thy funeral bed ;
calling thee in weeping,
thou who art prostrate on thy funeral bed.
Thou seest (our) tender solicitude.
Speak to us, Supreme Ruler, our Lord.
Chase all the anguish which is in our hearts.
Thy companions. who are gods and men,
when they see thee, (exclaim) :
Ours be thy visage, Supreme Ruler. our Lord ;
life for us is to behold thy countenance ;
let not thy face be turned from us ;
the joy of our hearts is to contemplate thee ;
(oh) Sovereign, our hearts are happy in seeing thee.
I am NEPHTHYS, thy sister who loveth thee.
Thine enemy is vanquished.
he no longer existeth !
I am with thee,
protecting thy members for ever and eternally.

Invocation by Isis[1].   She says :

Hail (oh) god AN !
Thou, in the firmament, shinest upon us each day.
We no longer cease to behold thy rays.
THOTH is a protection for thee.
He placeth thy soul in the barque Ma-at,
in that name which is thine of GOD MOON.
I have come to contemplate thee.
Thy beauties are in the midst of the Sacred Eye[2] ;
in that name which is thine of LORD of the sixth day's festival.
Thy companions are near to thee ;
Thou hast taken possession of the Heavens,
by the grandeur of the terrors which thou inspirest,
in that name which is thine of LORD of the fifteenth day's festival.

1. The following sections are *invocations* addressed to Osiris under
the forms of the Moon and the Sun. expressing the joy of his two sisters
at having thus perceived him.
2. The Sacred Eye here indicates the disc of the moon.

Thou dost illuminate us like Ra' each day.
Thou shinest upon us like Atum².
Gods and men live because they behold thee.
Thou sheddest thy rays upon us.
Thou givest light to the Two Worlds.
The horizon is filled by thy passage.
Gods and men (turn) their faces towards thee ;
nothing is injurious to them when thou shinest.
Thou dost navigate in the height (of Heaven)
and thine enemy no longer exists !
I am thy protection each day.
Thou who comest to us as a child each month,
we do not cease to contemplate thee.
Thine emanation heightens the brilliancy
of the stars of Orion in the firmanent,
by rising and setting each day.
I am the divine Sothis³ behind him.
I do not separate myself from him.
The glorious emanation which proceedeth from thee
giveth life to gods and men,
reptiles and quadrupeds.
They live by it.
Thou comest to us from thy retreat at thy time,
to spread the water of thy soul,
to distribute the bread of thy being,
that the gods may live and men also.
Hail to the divine Lord !
There is no god like unto thee !
Heaven hath thy soul ;
earth hath thy remains ;
the lower heaven is in possession of the mysteries.
Thy spouse is a protection for thee.
Thy son Horus is the king of the worlds.

   1. The sun in all his power.
   2. The setting sun.
   3. The star of Sirius where the soul of Isis dwelt.

Invocation by Nephthys.   She says :

Excellent Sovereign ! come to thine abode !
UNNEFER the justified, come to Tattu.
Oh fructifying Bull, come to Anap.
Beloved of the Adytum, come to Kha.
Come to Tattu, the place which thy soul prefers.
The spirits of thy fathers second thee.
Thy son, the youth HORUS, the child of (thy) two sisters',
is before thee.
At the dawn of light, I am thy protection each day.
I never separate myself from thee.
Oh god AN, come to SAIS.
SAIS is thy name.
Come to APER ; thou wilt see thy mother NEITH'.
Beautiful Child, do not stay far from her.
Come to her nipples ; abundance is in them'.
Excellent Brother, do not stay far from her.
Oh son, come to SAIS !
OSIRIS-TARUT, surnamed NAINAI, born of PERSAIS, the justified,
come to Aper, thy city.
Thine abode is Tab.
Thou reposest (there) by thy divine mother, for ever.
She protecteth thy nembers.
she disperseth thine enemies,
She is the protection of thy members for ever.
Oh excellent Sovereign ! come to thine abode.
Lord of SAIS, come to SAIS.

1. Isis having, with the aid of her sister Nephthys, reunited the parts
of Osiris' body dispersed by Set, formed of them the infant Horus.

2. Neith personified the Lower Hemisphere, whence Osiris, the
rising sun, appeared under the form of Horus.

3. The sun nightly sinks into the bosom of his mother Neith, who
personifies the Lower Hemisphere of heaven.

Invocation by Isis[1].   She says :

Come to thine abode ! come to thine abode.
Excellent Sovereign, come to thine abode.
Come (and) behold thy son Horus
as Supreme Ruler of gods and men.
He hath taken possession of the cities and the districts,
by the grandeur of the respect he inspires.
Heaven and earth are in awe of him,
the barbarians are in fear of him.
Thy companions, who are gods and men,
have become his, in the *two hemispheres,*
to accomplish thy ceremonies.
Thy two sisters are near to thee,
offering libations to thy person ;
thy son Horus accomplisheth for thee the funeral offering,
of bead, of beverages, of oxen and of geese.
Thoth chaunteth thy festival-songs,
invoking thee by his beneficial formulæ.
The children of Horus are the protection of the members,
benefiting thy soul each day.
Thy son Horus saluteth thy name
(in) thy mysterious abode,
in presenting thee the things consecrated to thy person.
The gods hold vases in their hands
to make libations to thy being.
Come to thy companions,
Supreme Ruler, our Lord !
Do not separate thyself from them.

———

When this is recited,
the place (where one is)
is holy in the extreme.
Let it be seen or heard by no one,

———

1. Osiris again coming forth under the form of Horus conqueror
(or the Rising Sun), becomes the Lord of the universe.

excepting by the principal *Kher-heb*[1] and the *Sam*[2].
Two women, beautiful in their members,
having been introduced,
are made to sit down on the ground
at the principal door of the Great Hall[3]
(Then) the names of Isis and NEPHTHYS
are inscribed on their shoulders.
Crystal vases (full) of water
are placed in their right hands;
loaves of bread made in Memphis
in their left hands.
Let them pay attention to the things done
at the third hour of the day,
and also at the eighth hour of the day.
Cease not to recite this book
at the hour of the ceremony !

It is finished.

1. The high-priest, reader in the panegyries.
2. The high-priest presiding over funeral ceremonies and rituals.
3. The Great Hall wherein the Judgment-Scene was painted.

THE

BOOK OF RESPIRATIONS[1]

The manuscript, a translation of which here follows, belongs to the Museum of the Louvre in Paris, where it is registered under the No. 3284 (Devéria, *Catalogue des Ms. égypt.*, p. 132). It probably dates from the epoch of the Ptolemies. It is in hieratic writing and generally known by the name of *Book of Respirations*, or *Book of the Breaths of Life* according to Mr. Le Page Renouf's ingenious interpretation. This book seems to have been deposited exclusively with the mummies of the priests and priestesses of the god Ammon · Ra, if we may judge from the titles inserted into the manuscripts.

Dr. Brugsch, in 1851, first directed the attention of Egyptologists to this curious work, by publishing a transcription in hieroglyphics of a hieratic text in the Berlin Museum, with a Latin translation, under the title of *Shaï an Sinsin, sive liber Metempsychosis*, etc. He added to this a copy of a hieratic text of the same book found in Denon, *Voyage en Égypte*, pl. CXXXVI.

A full analysis of this literary composition has also been given by Dr. Samuel Birch, in his *Introduction* to the *Rhind Papyri*, London, 1863.

1. Publié dans les *Records of the Past*, 1ʳ Series, 1875, t. IV, p. 121-128.

The Paris manuscript is as yet unpublished, but a copy of it will be produced ere long by the present translator. A few passages corrupted by the ancient scribe have been restored from copies of the same text, which are in the Egyptian Museum of the Louvre.

The *Book of Respirations* has a great analogy with that of the *Lamentations of Isis and Nephthys*. It not only makes allusion to the formulæ and acts by means of which the resurrection is effected, but also treats of the life after death, thus greatly increasing our knowledge of the religious system of the ancient Egyptians.

THE BOOK OF RESPIRATIONS

1 COMMENCEMENT of the Book of Respirations
made by Isis for her brother OSIRIS,
to give life to his soul,
to give life to his body,
to rejuvenate all his members anew ;
that he may reach the horizon with his father, the Sun ;
that his soul may rise to Heaven in the disk of the Moon ;
that his body may shine in the stars of Orion on the bosom
    of NU-T' ;
in order that this may also happen
to the OSIRIS, divine Father, Prophet of AMMON-RA, King
    of the gods,
Prophet of KHEM, of AMMON-RA, bull of his mother,
in his great abode,
ASAR-AAU, justified,
Son of the Prophet of same order, NES-PAUT-TA-TI, justified,
Conceal (it), conceal (it) !
Let it not be read by any one.

1. Nut personified the Upper Hemisphere of Heaven.

It is profitable to the person who is in the divine Nether-
World.
He liveth in reality millions of times anew.

2   Words spoken :

Hail to the Osiris N.[1]! thou art pure;
thy heart is pure.
thy fore-part is purified,
thy hind-part is cleansed,
thy middle is in Bat[2] and natron.
No member in thee is faulty.
The Osiris N. is (made) pure by the lotions
from the Fields of Peace, at the North of the Fields of Sane-
    hem-u.
The goddesses Uati (and) Suben have purified thee
at the eighth hour of the day.
Come Osiris N.!
Thou dost enter the Hall of the Two Goddesses of Truth.
Stone of Truth is thy name.

3   Hail to thee, Osiris N.!

Thou, being very pure, dost enter the Lower Heaven.
The Two goddesses of Justice have purified thee in the
    great Hall.
A purification hath been made to thee in the Hall of Seb[3].
Thy members have been purified in the Hall of Shu[4].
Thou seest Ra in his setting,
(as) Atum[5] in the evening.
Ammon is near to thee, to give thee health,
Ptah, to form thy members.
Thou dost enter the horizon with the Sun.
Thy soul is received in the barque Neshem[6] with Osiris.
Thy soul is divinized in the Hall of Seb.

1. Here was written the name of the deceased.
2. Probably a substance used for purifying and perfuming.
3. The earth.
4. Heaven.
5. The setting sun.
6. The solar barque.

Thou art justified for ever and ever.

4   Hail to thee, OSIRIS N.!

Thine individuality is permanent.
Thy body is durable.
Thy mummy doth germinate.
Thou art not repulsed from heaven (neither from) earth.
Thy face is illuminated near the Sun.
Thy soul liveth near to AMMON.
Thy body is rejuvenated near to OSIRIS.
Thou dost breathe for ever and ever.

5 Thy soul maketh thee offerings, each day,
of bread, of drinks, of oxen, of geese, of fresh water, of
   condiments.
Thou comest to justify it.
Thy flesh is on thy bones,
like unto thy form on earth.
Thou dost imbibe into thy body.
Thou eatest with thy mouth.
Thou receivest bread, with the souls of the gods.
ANUBIS doth guard thee.
He is thy protection.
Thou art not repulsed from the gates of the Lower Heaven.
THOTH, the doubly great, the Lord of SESENNU, cometh to thee.
He writeth for thee the Book of Respirations, with his own
   fingers.
Thy soul doth breathe for ever and ever.
Thou dost renew thy form on earth, among the living.
Thou art divinized with the souls of the gods.
Thy heart is the heart of RA.
Thy members are the members of the great god'.
Thou livest for ever and ever.

6   Hail to thee, OSIRIS N.!

AMMON is with thee each day
to render thee life.
APHERU openeth to thee the right way.

1. Osiris.

Thou seest with thine eyes :
thou hearest with thine ears ;
thou speakest with thy mouth :
thou walkest with thy legs.
Thy soul is divinized in Heaven,
to make all the transformations it desireth.
Thou makest the joy of the sacred *persea* in An.
Thou awakenest each day.
Thou seest the rays of Ra.
Ammon cometh to thee with the breath of life.
He granteth to thee to breathe in thy coffin.
Thou comest on earth each day,
the Book of Respirations of Thoth being thy protection.
Thou breathest by it each day.
Thine eyes behold the rays of the disk.
Truth is spoken to thee before Osiris.
The formulæ of justification are on thy body.
Horus, the defender of his father, protecteth thy body.
He divinizeth thy soul as well as (those) of all the gods.
The soul of Ra giveth life to thy soul.
The soul of Shu filleth thy respiratory organs with soft
 breath[1].

7   Hail to thee, Osiris N. !

Thy soul doth breathe in the place thou lovest.
Thou art in the dwelling of Osiris, who resideth in the West.
Thy person is most pure.
Thou dost arrive in Abydos.
He (Osiris) filleth thy dwelling Hotep with provisions.

8   Hail to thee, Osiris N. !

The gods of all Egypt come to thee.
Thou art guided towards the end of centuries.
Thy soul liveth.
Thou dost follow Osiris.
Thou breathest in Rusta.
Secret care is taken of thee by the Lord of Sati[2]

1. Another version : uniteth itself (to) the breath of thy nostrils.
2. Another version : by thy Lord, Ra.

and by the great god[1].
Thy body liveth in Tattu (and in) Nifur.
Thy soul liveth in Heaven for ever.

9   Hail to thee, Osiris N.!

SECHET prevaileth against what is injurious to thee
HAR-AA-HETU taketh care of thee.
HAR-SHET doth form thy heart.
HAR-MAA doth guard thy body.
Thou continuest in life, health (and) strength.
Thou art established upon thy throne in Ta-ser.
Come, Osiris N.!
Thou appearest in thy form.
Strengthened by thine ornaments[2],
thou art prepared for life.
Thou remainest in a healthful state;
thou walkest, thou breathest everywhere[3].
The Sun doth rise upon thine abode.
Like-unto Osiris, thou breathest, thou livest by his rays.
AMMON-RA giveth life to thee.
He doth enlighten thee by the Book of Respirations.
Thou dost follow Osiris and Horus, Lord of the sacred
      barque.
Thou art as the greatest of the gods among the gods.
Thy beautiful face liveth (in) thy children.
Thy name doth always prosper.
Come to the great temple in Tattu.
Thou wilt see him who resideth in the West,
in the Kha-festival.
Delicious is thy perfume as that of the blessed;
great thy name among the elect.

10   Hail to thee, Osiris N.!

Thy soul liveth by the Book of Respirations.

1. Osiris.
2. Those of the mummy.
3. This is the acknowledgment of the resurrection effected by the
ceremonies of the mummification. I am indebted to the friendly aid
of M. Chabas for the translation of this and one or two other passages.

Thou unitest thyself to the Book of Respirations.
Thou dost enter the Lower Heaven ;
thine enemies are not (there).
Thou art a divine soul in Tattu'.
Thy heart is thine ;
it is (no longer) separated from thee.
Thine eyes are thine ;
they open each day.

11ª Words spoken by the gods who accompany Osiris,
                    to the Osiris N. ;
Thou dost follow Ra.
Thou dost follow Osiris.
Thy soul liveth for ever and ever.

11ᵇ Words spoken by the gods who dwell in the Lower Heaven
    (like)

            Osiris of the West, to the Osiris N. :

Let them open to him at the gates of the Lower Heaven.
*He is received*² in the divine Nether-World,
that his soul may live for ever.
He buildeth a dwelling in the divine Nether-World.
He is rewarded³.
He hath received the Book of Respirations,
that he may breathe.

12   Royal offering to Osiris who resideth in the West,
great god, Lord of Abydos,
that he may give offerings
of bread, of *hak*, of oxen, of geese, of wine, of the liquor
    aket, of bread *Hotep*,
of good provisions of all kinds,
to the Osiris N.
Thy soul liveth.
Thy body doth germinate,
by order of Ra himself,

1. Corrupted passage restored by means of the manuscripts of the
Louvre.
2. Another version : "thou art received".
3. Corrupted passage : translation uncertain.

without pain, without injury,
like unto Ra for ever and ever.

13 Oh Strider, coming out of An[1],
    the Osiris N. hath not committed any sin.
Oh Mighty of the Moment, coming out of Kerau.
    the Osiris N. hath not done any evil.
Oh Nostril, coming out of Sesennu[2],
    the Osiris N. hath not been exacting.
Oh Devourer of the Eye, coming out of Kerti.
    the Osiris N. hath not obtained anything by theft.
Oh Impure of visage, coming out of Rusta.
    the Osiris N. hath not been angry.
Oh Lion-gods, coming forth from heaven,
    the Osiris N. hath not committed any sin by reason
      of hardness of heart (?).
Oh Fiery-Eyed, coming out of Sechem.
    the Osiris N. hath not been weak.

14 Oh ye gods who dwell in the Lower Heaven,
hearken unto the voice of Osiris N.
He is near unto you.
There is no fault in him.
No informer riseth up against him.
He liveth in the truth.
He doth nourish himself with truth.
The gods are satisfied with all that he hath done.
He hath given food to the hungry,
drink to the thirsty,
clothes to the naked.
He hath given the sacred food to the gods,
the funeral repasts to the pure Spirits.
No complaint hath been made against him before any of
    the gods.
Let him enter (then) into the Lower Heaven
without being repulsed.
Let him follow Osiris, with the gods of Kerti.

1. Heliopolis.
2. Hermopolis.

He is favoured among the faithful[1],
(and) divinized among the perfected.
Let him live !
Let his soul live !
His soul is received wherever it willeth.
(He) hath received the Book of Respirations,
that he may breathe with his soul,
(with) that of the Lower Heaven,
and that he may make any transformation at his will,
like (the inhabitants) of the West[2] ;
that his soul may go wherever it desireth,
living on the earth for ever and ever.
He is towed (like) OSIRIS into the Great Pool of KHONS.
When he has retaken possession of his heart[3],
the Book of Respirations is concealed in (the coffin).
It is (covered) with writing upon Suten,
both inside and outside (and)
placed underneath his left arm.
evenly with his heart ;..........
When the Book has been made for him
then he breathes with the souls of the gods for ever and ever[4].

It is finished.

1. Another version : "the living".
2. Literally : "the Westerners".
3. Illegible passage restored by means of the manuscripts of the Louvre.
4. Another version : "this volume of the Book of Respirations is made for him and the souls of the gods".

LE

LIVRE DES RESPIRATIONS

D'APRÈS LES MANUSCRITS DU MUSÉE DU LOUVRE

Concerning the conditions and pursuits of the next life, there opens a world of occupations, duties and enjoyments, as numerous and varied as we find them here; a world wherein the life which now is, is supplemented by that which is to come. He who has laboured long and patiently to control and discipline a wayward nature, may he not properly desire and rationally expect, that he will be allowed to prosecute the task, here so imperfectly commenced, there, where there is no flesh to be weak if the spirit be willing? Is this an unworthy conception of heaven? Is it a conception less salutary, less elevating than that, which speaks to us of joining the angelic hosts and sharing their changeless avocation? Nay, truly it is far more worthy of God and man.

ROBERT DALE OWEN.

LE LIVRE DES RESPIRATIONS[1]

On sait que la plupart des rouleaux que les anciens Égyptiens avaient l'habitude d'ensevelir avec les momies contiennent des copies plus ou moins complètes de certains textes sacrés, considérés comme des talismans ayant la propriété d'opérer ou de faciliter la rentrée du défunt dans une vie nouvelle, et de le protéger dans ses pérégrinations d'outre-tombe. Le sujet de ces textes roule presque invariablement sur la destinée de l'homme après la mort. Parmi les compositions de ce genre parvenues jusqu'à nous, le *Livre des Morts* et le *Livre des Respirations* sont connus depuis longtemps. Tout récemment on en a signalé encore d'autres, à savoir : le *Livre des Embaumements*, le *Livre du grand prêtre Amen-hotep* et le *Livre royal*[2].

Le *Shaï-en-sinsin* ou *Livre des Respirations*, dont nous nous occupons ici, date de la basse époque, mais on considère généralement qu'il a été rédigé à l'aide de matériaux bien plus anciens. Les nombreux exemplaires qu'on en a trouvés sont tous en écriture hiératique. Si l'on peut juger d'après les titres des défunts auxquels ils furent consacrés, le *Shaï-en-sinsin* a été spécialement réservé aux prêtres et aux assistantes d'*Amon-Ra*.

1. Texte, traduction et analyse par P.-J. de Horrack, Paris, C. Klincksieck, 1877, — in-4°, 25 p. et 7 pl. de texte hiératique.
2. G. Maspero, *Mémoire sur quelques papyrus du Louvre*, p. 14 et 58.

M. Brugsch, le premier, a appelé l'attention des égyptologues sur ce livre intéressant et en a publié, d'après un manuscrit du Musée de Berlin, une transcription en hiéroglyphes accompagnée d'une traduction latine[1]. Un facsimilé en écriture très cursive, qui se trouve dans l'ouvrage de Vivant-Denon[2], est reproduit à la fin de la publication de M. Brugsch. C'est le seul texte du *Shaï-en-sinsin* qui ait été publié; encore est-il incomplet, car il y manque une partie du § 9, les §§ 10, 11[a], 11[b] et 12 en entier, une partie du § 14, et enfin la prescription finale. Une bonne analyse du *Livre* est due à M. Birch, le savant conservateur du British Museum[3].

En attendant qu'un fac-similé complet soit mis à la disposition des égyptologues[4], je reproduis sur les planches ci-jointes des copies (dont l'écriture se rapproche autant que possible de celle des originaux) de deux manuscrits que possède le Musée du Louvre :

1° Le n° 3284, c'est-à-dire la partie du texte hiératique qui contient le *Livre des Respirations*[5].

2° Le n° 3291, portant au recto 48 lignes d'écriture hiératique et au verso 3 lignes d'écriture démotique[6].

---

1. *Shaï-en-sinsin, sive liber metempsychosis veterum Aegyptiorum, etc.* Berolinii, 1851,

2. *Voyage dans la Haute et la Basse Égypte*, pl. 136.

3. *Introduction to the Rhind Papyri.*

4. Il faut rendre hommage aux *Trustees* du British Museum de la magnifique publication *Facsimile of an Egyptian hieratic Papyrus of the reign of Ramses III now in the British Museum*, exécutée sous l'habile direction de M. Birch. Ce beau fac-similé, qui a été généreusement offert à un grand nombre d'égyptologues, est d'un prix très modéré et par conséquent accessible à tous les savants ; il est destiné à rendre de véritables services à l'étude de l'écriture et de la langue de l'ancienne Égypte.

5. Voir T. Devéria, *Catalogue des Manuscrits égypt. du Louvre*, p. 132.

6. *Ibid.*, p. 131.

Le premier de ces deux exemplaires sur lequel a été faite la traduction qui va suivre, comprend six pages d'une belle écriture hiératique et contient au complet les quatorze paragraphes dont se compose le livre sacré, ainsi que la prescription finale. Les variantes ajoutées au bas des planches VII à XI sont tirées des passages correspondants des manuscrits suivants du Louvre :

N° 3291 au nom d'*Hor-si-esi*, fils d'*Hor* et de *Kaï-kaï*;
» 3166 » d'*Osir-aau*, fils de *Taχi-ba-t*;
» 3126 » de *P-ser-asu-χet-u*, fils d'*Osir-aau*;
» 3158 » de *Ta-ser-paut-ta*, assistante d'*Amon-Ra*;
» 3121 » de *Ta-sa-χem*, assistante d'Amon-Ra'.

Ces variantes suffisent pour rectifier quelques erreurs de notre texte. Plusieurs manuscrits retranchent certaines sections de la version ordinaire et les remplacent par d'autres, mais la grande majorité suit le texte du n° 3284 qui paraît représenter la rédaction officielle. Il existe aussi un texte imité du *Livre des Respirations*, nommé le *Livre des Respirations second*', dont nous ne nous occuperons pas ici.

Le *Shaï-en-sinsin* ne présente pas de difficultés sérieuses au traducteur, sauf dans quelques passages au sujet desquels les observations que mon savant ami, M. Chabas, m'a fournies avec son obligeance habituelle m'ont été fort utiles. Il en est autrement des données théologiques et mythologiques que contient le texte. Je n'y ai touché que très légèrement et je laisse aux savants auxquels ces questions sont familières, le soin de les soumettre à une étude spéciale. Cette branche importante de l'égyptologie a été en France l'objet d'investigations sérieuses de la part de MM. F. Chabas, Emmanuel et Jacques de Rougé, Paul Pierret, E. Lefébure

---

1. Voir T. Devéria. *Catalogue des Manuscrits égypt. du Louvre*, p. 131 à 137.

2. *Ibid.*, p. 153.

et E. Grébaut. Je me borne ici à une traduction aussi lit-
térale que possible, accompagnée d'une courte analyse, dans
laquelle je ne m'occuperai pas des mots dont le sens est
généralement accepté par les égyptologues.

Avant de terminer, il me reste le devoir agréable de remercier le savant conservateur du Musée égyptien du Louvre,
M. Pierret, d'avoir libéralement mis à ma disposition tous
les textes qui se rapportent au *Livre des Respirations*.

TRADUCTION ET ANALYSE DU TEXTE

Page I

§ 1. Lig. 1. Commencement du *Livre des Respirations*
        composé par *Isis* pour son frère *Osiris,*
        Pour faire revivre son âme,
  2. Pour faire revivre son corps,
        Pour rajeunir tous ses membres de nouveau,
        Pour qu'il atteigne l'horizon avec son père, le
          Soleil,
  3. Pour que son âme s'élève au ciel dans le disque
        de la *Lune,*
        Pour que son corps brille dans les étoiles de *Sahu,*
        Au sein de *Nu-t;*
  4. Pour que ces choses arrivent également
        A l'Osiris, divin père, prophète d'*Amon-Ra,*
          roi des dieux,
  5. Prophète de *Khem-Amon-Ra,* taureau de sa
        mère, maître de sa grande demeure,
        Osir-aau, justifié,
  6. Fils [du prêtre] du même [ordre], *Nes-paut-ta-ti,*
        justifié.
        Cache-[le], cache-[le];

> Ne le fais lire à personne.
> 7. Il profite à la personne qui est dans le *Kher-neter ;*
>   Elle vivra de nouveau, véritablement, des mil-
>   lions de fois.

Ce paragraphe est une espèce de préambule, qui indique, d'une manière précise, le but du livre et nous apprend qu'il a été composé par *Isis* pour son frère *Osiris* tué par *Set.* La récitation des formules sacrées qu'il contient a effectué la résurrection d'Osiris, devenu dès lors pour tout Égyptien le type de la renaissance après la mort. Enseveli, ainsi que le prescrit le § 14[1], avec le défunt, le livre sera également efficace pour celui-ci et facilitera sa résurrection comme véritable *Osiris.* C'est à cet effet que le mort s'identifie avec le dieu et qu'il prend le titre d'*Osiris un tel, justifié.*

Suivant notre texte, *Osiris* se joint à son père, le *Soleil*[1], et descend avec lui aux régions infernales, pour ressusciter sous la forme de la *Lune*[2], tandis que son corps est placé dans la constellation de *Sahu (Orion)*, qui brille au firmament, personnifié par la déesse *Nu-t.*

Il sera utile de rappeler ici aux personnes étrangères à la mythologie des Égyptiens, que l'idée du renouvellement de l'existence après la mort est tantôt symbolisée par la course du soleil, tantôt représentée par le mythe osiriaque, qui paraît se rapporter, à son tour, à la génération du Soleil. Aussi l'individualité de l'*Osiris terrestre* se confond-elle constamment avec celle d'*Osiris-Soleil.* A l'exemple du dieu, l'Égyptien mort était censé se joindre au Soleil couchant et descendre avec lui dans l'hémisphère inférieur du ciel qu'il devait parcourir à la suite du Soleil nocturne (*Osiris*), pour revenir à la lumière du jour avec l'astre

---

1. Voir E. de Rougé, *Études sur le Rituel* dans la *Revue Archéologique,* 1860, p. 238.

2. Cf. mon Mémoire, *Lamentations d'Isis.* etc., p. 4.

levant. C'est de son identification avec le Soleil, qui parcourt pendant la nuit les régions infernales, qu'a été tiré, sans doute, le rôle *d'Osiris* comme juge des enfers [1].

Le manuscrit n° 3291 fournit, à la ligne 2, pour le groupe [hiéroglyphes], la variante [hiéroglyphes] *rajeunir, rendre l'extrême jeunesse* [2].

Le *Kher-neter* ou la divine région inférieure, désigne la nécropole ou l'hypogée; mais c'est aussi un des noms du séjour des mânes placé à l'extrême occident.

[hiéroglyphes] signifie *véritablement*, d'après M. Brugsch (*Dict.*, p. 575), et *dans le vêtement de ta vérité*, suivant MM. Devéria et Pierret. Le sens de ce groupe a besoin de nouvelles preuves.

§ 2. Lig. 8. Dire :

    O Osiris *un tel* [3] ! tu es pur;

10. Ton cœur est pur;

    Ta partie antérieure a été purifiée;

    Ta partie postérieure a été nettoyée;

    Ton intérieur (a été rempli) de *bat* et de nat um.

11. Il n'est pas un membre en toi qui soit souillé de péché.

    Osiris *un tel* a été purifié par les lotions

12. Des champs de *Hotep*, au nord des champs de *Sanehemu*.

13. Les déesses *Uat'i* et *Neχeb* t'ont rendu pur, A la huitième heure de la nuit,

14. Et à la huitième heure du jour.

    Viens Osiris *un tel*;

---

1. Cf. Pierret, *Dict. d'Archéologie égypt.*, p. 395.
2. F. Chabas, *Égyptologie*, 1874, p. 26.
3. J'ai remplacé partout le nom du défunt auquel était destiné le papyrus que je traduis, par les mots *un tel*.

15. Entre dans la salle des deux déesses *Justice;*
Tu es purifié de tout péché, de tout crime.
16. Pierre de vérité est ton nom.

Cette section reproduit les colonnes 44, 45 et 46 du chapitre cxxv du *Livre des Morts*. Elle se rapporte à l'embaumement du défunt, sans donner cependant sur cette opération d'autres détails que l'énumération des purifications auxquelles on soumettait le corps, et des substances dont on le remplissait pour le préserver de la putréfaction. Selon notre texte, le corps fut nettoyé, et l'intérieur, [hiéroglyphes] (littéralement : *le milieu*), fut rempli de natrum et d'une substance aromatique, nommée *bat*, [hiéroglyphes]. Ce mode d'embaumement a été déjà constaté par Passalacqua, qui a trouvé que même les momies les plus soignées dans leurs enveloppes et dans leurs ornements, avaient le ventre plein de natrum et de débris odoriférants. La préparation du cadavre se pratiquait dans les *Champs de Hotep* (litt. : *champs de repos*); c'était probablement le nom d'une partie du quartier funéraire. Le texte mentionne ici une lotion appelée [hiéroglyphes], dont le *Livre des Morts*[1] fournit la variante [hiéroglyphes], en y ajoutant [hiéroglyphes], *véritable*. Les groupes [hiéroglyphes] et [hiéroglyphes] (ligne 10) ont, l'un et l'autre, le sens bien constaté de *laver, nettoyer, purifier* et s'échangent entre eux sous cette acception. Il me semble pourtant qu'il y a entre ces deux mots une légère nuance que je n'ai pu définir. Les déesses *Uat'i* et *Nexeb* étaient censées présider à cette opération. Elles symbolisent ordinairement le *Nord* et le *Midi*, mais elles avaient aussi un rôle funéraire très important qui ressort du *Livre des Embaumements*[2].

1. *Todtenbuch*, chap. cxxv, lig. 44.
2. Cf. Maspero, *Mém. sur qq. pap. du Louvre*, p. 82.

Ses souillures effacées, le défunt était introduit dans la grande salle du jugement que notre texte appelle la grande salle des déesses *Ma*. Ces deux déesses, qui représentent la double justice, celle qui punit et celle qui récompense[1], étaient chargées de compléter la purification du défunt.

§ 3. Lig. 16. O Osiris *un tel!*

18. Tu entres au ciel inférieur par une grande purification.

Les deux déesses *Justice* t'ont rendu pur dans la grande salle.

19. Une purification a été faite sur toi dans la *Salle de Seb;*

Tes membres ont été rendus purs dans la *Salle de Shu.*

20. Tu vois *Ra* à son coucher,

[En] *Atum*, le soir.

Amon est auprès de toi,

21. Pour te donner le souffle;

Ptah, pour former tes membres.

Tu entres à l'horizon avec le soleil.

22. Ton âme est admise sur la barque *Neshem* avec *Osiris;*

Ton âme est divinisée dans la demeure de *Seb*.

Tu es justifié à perpétuité et éternellement.

En sortant de la Salle des deux déesses *Justice*, et après avoir été purifié dans la *Salle de Seb (la terre)* et dans la *Salle de Shu (le ciel)*, le défunt entre dans le *Tiau* ou ciel inférieur, où était placé le séjour des morts. Il y voit *Ra* sous la forme d'*Atum*, le soleil nocturne. *Ptah* lui façonne un nouveau corps, auquel *Amon* donne le souffle de la vie.

---

1. E. de Rougé, *Notice sommaire des monuments égypt. du Louvre*, p. 100.

Cette nouvelle enveloppe n'a aucun rapport avec celle que le défunt a quittée. La doctrine de la réunion de l'âme à l'ancien corps, que proclame le *Livre des Morts*[1], paraît donc avoir été profondément modifiée par l'école à laquelle appartient le *Shaï-en-sinsin*.

Le rôle d'*Amon* comme auteur de la seconde vie a été déjà signalé par M. J. de Rougé[2]; celui de *Ptah*[3] comme créateur est bien connu.

Tandis que le défunt (c'est-à-dire les mânes) descend sous l'horizon avec le soleil, l'âme se joint à *Osiris* dans la barque solaire appelée *Neshem*[4]. Il est difficile de déterminer le véritable caractère de cette double existence des mânes et de l'âme. Ces deux êtres sont représentés comme vivant séparément et indépendamment l'un de l'autre. On les distingue, en effet, dans les vignettes des manuscrits funéraires, où les mânes sont figurés sous l'image du défunt, tandis que l'âme a la forme habituelle d'un épervier à tête humaine.

Signalons à la ligne 19 du texte hiératique une répétition fautive des groupes .

A la ligne 20, j'ai suppléé, avant le mot *Atum*, la particule que le sens parait exiger. *Atum* est le nom du soleil qui, pendant la nuit, éclaire l'hémisphère inférieur du ciel[5].

Le sens de *véridique, persuasif*, proposé par Th. Devéria

1. *Todtenbuch*, chap. LXXXIX.
2. *Mélanges d'Archéologie*, 1873, p. 102.
3. Au lieu de *Ptah*, le n° 3291 donne *Thoth*; c'est probablement une inadvertance du scribe.
4. *Neshem* est aussi le nom de la barque qui servait à transporter les momies à Abydos. Cf. J. de Rougé, *Textes géogr.*, p. 70, et Wilkinson, *Manners and Customs*, 2ᵈ Series, vol. III, pl. 84, 2.
5. Pierret, *Dict. d'Arch. égypt.*, p. 76.

pour le groupe ⌠⌡' (ligne 22), n'a pas été généralement adopté par les égyptologues. Suivant M. Chabas[1], ce groupe doit se traduire littéralement par *justus dictus*, et désigne l'individu dont le dire a été reconnu vrai, le défunt innocenté au jugement d'Osiris, celui qui a triomphé de ses ennemis. M. Lepsius a tiré de l'étude de cette expression les mêmes conclusions que le savant égyptologue de Chalon-sur-Saône[2].

Page II

§ 4. Lig. 1. [O] Osiris *un tel!*

2. Ton individualité est permanente ;
   Ton corps est durable ;
   Ta momie germe ;

3. Tu n'es repoussé [ni] du ciel, [ni] de la terre :
   Ta face est illuminée auprès du Soleil :
   Ton âme vit auprès d'*Amon* ;

4. Ton corps est rajeuni auprès d'*Osiris*.
   Tu respires toujours et éternellement.

Le groupe ⎕ 𓅓𓇌𓏤 manque au commencement de ce paragraphe.

J'ai rendu par *individualité* l'expression ⎯⎯ 𓏤 (ligne 2), ce sens ayant été bien démontré par M. Lepsius[4].

La germination du corps momifié, exprimée par le verbe ⎯⎯ 𓆰, est symbolisée par un tableau représentant la momie d'Osiris sur laquelle poussent des plantes, 𓆸𓆸. Cette curieuse vignette a été publiée par M. Paul Pierret dans son

1. *Mélanges d'Archéologie*, p. 10.
2. *Égyptologie*, 1874, p. 81.
3. Voir *Zeitschrift*, 1875, p. 149.
4. *Ælteste Texte*, p. 38.

Mémoire intitulé *Le dogme de la résurrection*. Le passage
suivant du *Livre des Morts* peut être considéré comme la
légende de cette vignette : , *il fait pousser des plantes sur son cadavre*[1].
Cette singulière idée rappelle la doctrine que pose saint Paul[2] :
que le corps qui ressuscitera n'est pas le corps abandonné
à la putréfaction, mais un nouveau corps spirituel qui se
développera du germe de l'ancien cadavre.

A la ligne 3, la transcription de M. Brugsch donne .
à la place de de notre texte.

§ 5. —   Ton âme te fait chaque jour des offrandes
      Lig. 5. De pains, de boissons, de bœufs, d'oies, d'eau
            fraîche et de condiments.
            [Tu viens pour la justifier].
            Tes chairs [sont] sur tes os
      6. Selon ta forme sur la terre ;
            Tu absorbes par ton corps,
            Tu manges avec ta bouche,
      7. Tu reçois, ainsi que les âmes des dieux, des pains.
            Anubis te protège :
            Il fait ta sauvegarde.
      8. Tu n'es pas repoussé aux portes du ciel inférieur.
            Il vient à toi, *Thoth*, le deux fois grand,
            Le Seigneur de *Sesennu*[3].
            Il écrit pour toi le *Livre des Respirations* avec
            ses propres doigts.
      9. Ton âme respire à perpétuité :
            Tu renouvelles ta forme sur la terre parmi les
            vivants ;

1. *Todtenbuch*, chap. cr. col. 7.
2. *I Corinth.*, xv, 35 et suiv.
3. *Hermopolis*.

10. Tu es divinisé avec les âmes des dieux.
    Ton cœur est le cœur de *Ra*,
11. Tes membres sont les membres du grand dieu.
    [Tu vivras à perpétuité et éternellement.]

Les différentes phrases de la résurrection et de la vie future qui dominent tout le Livre, sont particulièrement développées dans ce paragraphe et dans le suivant.

C'est au dieu Thoth lui-même, qui aurait écrit le livre sacré de ses propres mains, qu'est rapportée la première rédaction du *Shaï-en-sinsin*. On sait que les prêtres égyptiens se plaisaient à attribuer une origine divine à certaines de leurs compositions pour leur prêter plus d'autorité.

L'assurance que le défunt renouvellera sa forme sur la terre parmi les vivants, prouve que les anciens Égyptiens croyaient en un retour à la vie corporelle. C'est la doctrine de la réincarnation, qui consiste à admettre pour l'homme plusieurs existences successives sur la terre.

J'ai rendu (ligne 5) le groupe par *condiments*. Cette traduction est conjecturale.

A la même ligne, la transcription de M. Brugsch ajoute : , *tu viens pour la justifier*.

Quant au groupe , le sens *corps* est incontestable, mais cette acception paraît étrange dans la phrase : *tu bois ou absorbes par ton corps*.

Le mot , ligne 9, signifie *forme, ressemblance, portrait*[1]. Les variantes signalées au bas de la planche II ont la même acception.

A la fin du paragraphe, le manuscrit Denon ajoute : , *tu vis à perpétuité et éternellement*.

____

1. Chabas, *Voyage*, etc. n°° 150 et 374 du Glossaire.

§ 6. Lig. 12. O Osiris *un tel!*

13. *Amon* est avec toi,

14. Pour te rendre la vie.

   Ap–heru t'ouvre la bonne route.

   Tu vois par tes yeux :

   Tu entends par tes oreilles :

   Tu parles par ta bouche ;

15. Tu marches avec tes jambes :

   Ton âme est divinisée dans le ciel inférieur,

   Pour accomplir toutes les transformations à
   son gré.

16. Tu accomplis les réjouissances de la *perséa*
   sacrée dans *An ;*

   Tu te réveilles chaque jour :

17. Tu vois les rayons du soleil.

   Amon vient vers toi avec les souffles de la vie ;

   Il te fait respirer dans ton cercueil.

18. Tu montes sur la terre chaque jour.

   Le *Livre des Respirations* de *Thoth* étant ta
   sauvegarde ;

19. Tu respires par lui tous les jours.

   Tes yeux contemplent les rayons du disque.

   La vérité te sera annoncée par *Osiris.*

   Les formules de justification sont [écrites] sur
   ton corps.

20. *Horus,* le défenseur de son père, protège ton
   corps ;

   Il divinise ton âme, ainsi que [celles] de tous
   les dieux.

   L'âme de *Ra* fait vivre ton âme :

21. L'âme de *Shu* remplit tes organes respiratoires
   [de doux souffles].

Ce paragraphe est le complément du précédent. Promesse
y est faite au défunt qu'il entrera en possession de toutes

les fonctions de la vie terrestre, qu'il aura la faculté de prendre à son gré toutes les formes, de se transporter instantanément d'un lieu dans un autre et de visiter la terre chaque jour en se mêlant aux vivants. On voit que la croyance dans les esprits revenus de l'autre monde date de la plus haute antiquité. Un texte très curieux[1], signalé par M. Chabas[2], fait mention de la manifestation d'un revenant. C'est un homme veuf qui se plaint d'être tourmenté par l'esprit de son épouse défunte. Ce texte n'a pas encore été traduit; on y trouvera peut-être de quelle manière le revenant a donné des marques de sa présence et de sa mauvaise humeur.

Ap-heru est une forme d'*Anubis;* il ouvre au défunt les portes de l'horizon.

Des observations intéressantes ont été publiées par M. Le-page-Renouf au sujet de la préposition ⳩⳩ . *avec* (lig. 13)[3]. Je ne connais aucun autre exemple du groupe ⳩⳩ que je traduis *réjouissances,* par conjecture. C'est bien à *An* (Héliopolis) que le défunt se réjouissait[4].

Le groupe que je traduis (lig. 18) par : *tu montes sur la terre*, est ⳩⳩ : littéralement : tu sors vers la terre.

A la ligne 19, la préposition ⳩⳩ est employée au sens instrumental[5].

On lit à la ligne 19 : *Les formules de justification sont écrites sur ton corps*. Des formules, des figures de divinités, etc., ont été, en effet, trouvées sur des bandelettes de momies et sur des morceaux de linceuls.

---

1. C. Leemans, *Pap. égypt. hiér. du Musée de Leide*, I, 371, pl. 183, 184.
2. *Notices sommaires des papyrus hiérat. de Leide*, p. 19.
3. *Transactions of the Society of Bibl. Arch.*, vol. II, part. 2, p. 319.
4. Cf. Sharpe, *Egypt. inscript.*, 2ᵈ Series, pl. 66, ligne 3.
5. Voir E. de Rougé, *Chrestom.*, § 363 et 368.

Au lieu de ⊙, *chaque jour* (lig. 19), le manuscrit Denon et n° 3291 portent [hieroglyphs], *comme Ra.*

Aux basses époques, *Shu* était le dieu de l'air[1]. Sur le Sarcophage n° 11 du Musée du Louvre, il porte une voile enflée, symbole des souffles de la vie. Dans un papyrus du même Musée on lit : *Shu dit : Moi, je donne les souffles au gosier aride, et la vie est en lui*[2]. A la fin de la phrase : *l'âme de Shu remplit tes organes respiratoires*, le Papyrus Denon ajoute [hieroglyphs] *de doux souffles*, mais il faut remarquer que ces mots devraient être reliés à la phrase qui précède par la préposition [hieroglyph], qui manque.

Page III

§ 7. Lig. 1. O Osiris *un tel!*

    2. Ton âme respire dans le lieu que tu aimes.

    3. Tu es dans la demeure d'*Osiris;*
    Khent-Ament est ton nom.
    Hapi, l'aîné [des dieux], vient à toi d'Élé-
    phantine;

    4. Il remplit ta table d'offrandes de provisions de bouche.

Khent-Ament, [hieroglyphs], litt.: *celui qui réside dans l'occident*, est un des titres d'Osiris infernal.

Le dieu *Hapi*, c'est-à-dire le Nil, dont la source était placée entre deux abîmes ou rochers près de l'île d'Éléphantine, apportait au défunt des provisions de bouche et de l'eau. La même idée est exprimée comme suit dans le Papyrus de Boulaq n° 3 (page VII, lig. 19) :

1. Cf. *Zeitschrift*, 1871, p. 93.
2. Cf. Pierret, *Études égypt.*, I, p. 32.

Il vient à toi, Hapi, l'aîné des dieux, pour remplir ta table d'offrandes de libations ; il te donne l'eau sortie d'Éléphantine[1].

§ 8. —   O Osiris *un tel !*
Lig. 5. Les dieux de la Haute et de la Basse Égypte viennent à toi.
Tu es guidé vers le tombeau.
6. Ton âme est vivante.
Tu sers *Osiris.*
Tu respires dans *Ru-sta.*
7. Soins cachés te sont prodigués par le Seigneur de *Sati* et par le dieu grand.
Ton corps vit dans *Tattu* [et dans] *Nif-ur.*
8. Ton âme vit dans le ciel chaque jour.

Le lieu nommé désigne le tombeau, et par excellence le tombeau d'Osiris[1].

A la ligne 6, le texte porte ; c'est une erreur du copiste ; tous les autres manuscrits du Louvre ont , qui doit être la véritable leçon.

Le *Ru-sta,* , est le passage qui donne accès à la région infernale, mais c'est aussi l'entrée de la tombe[2].

Sati, , désigne la région inférieure, dont le seigneur est le soleil nocturne. Une variante donne , au lieu de . Le dieu grand est *Osiris.*

1. Cf. Maspero, *Mém. sur qq. pap.,* p. 27 et 86.
2. Voir Maspero, *Mém. sur qq. pap.,* p. 34 et 99.
3. Voir Chabas, *Mélanges,* III, p. 192 et 202.

La ville de *Tattu*, [hieroglyphs], a été identifiée par M. Brugsch avec *Mendes*[1], résidence supposée d'Osiris, tandis que *Ni-fur*, [hieroglyphs], paraît désigner ici la nécropole. C'est aussi le nom d'une ville du nome thinite[2].

§ 9. —   O Osiris *un tel!*

lig. 9. *Sexet* prévaut contre ce qu'il y a de mauvais en toi ;

10. *Hor-aa-hetu* a soin de toi :
Hor-shet forme ton cœur ;
Hor-mer garde ton corps.

11. Tu dures, en vie, santé. force.
Tu es établi en ta demeure dans *Ta-ser*.
Viens Osiris *un tel!*

12. Tu apparais dans ta forme.

13. Affermi par tes ornements.
Tu es préparé pour la vie ;
Tu demeures en santé,
Tu marches, tu respires partout,

14. Le soleil se lève sur ta demeure.
[Semblable] à *Osiris*,
Tu respires, tu vis par ses rayons.

15. *Amon-Ra* te fait vivre.
Tu es éclairé par le *Livre des Respirations*.

16. Tu sers *Osiris* et *Horus*, seigneur des adorations.
Tu es comme le plus grand parmi les dieux.
Ton beau visage vit [dans] tes enfants.

17 Ton nom prospère chaque jour.
Viens au grand temple, viens au grand temple de *Tattu*.
Tu verras *Khent-Ament* dans la fête d'*Uka*.

1. Voir *Zeitschrift*, 1871, p. 81.
2. Cf. Brugsch, *Géogr.*, I, p. 210.

18. Ton odeur est agréable comme [celle] des
hommes pieux ;
Ton nom est grand parmi les élus.

Sexet était un... déesse solaire. Elle avait aussi un rôle
funéraire, qui était de soigner l'embaumement, de défendre
le mort contre ses ennemis et de protéger l'âme contre toute
attaque[1].

Hor-aa-hetu, Ho-shet et *Hor-mer* sont des formes d'*Horus*.
Hor-shet se trouve mentionné au Papyrus magique Harris[2]
(pl. 8, lig. 1 et 7). *Hor-mer* renversait les adversaires du
défunt[3].

A la ligne 10, la transcription de M. Brugsch donne
⟨hiéroglyphes⟩, au lieu de ⟨hiéroglyphes⟩ des manuscrits du Louvre.

La région appelée ⟨hiéroglyphes⟩ est la nécropole d'Abydos.
Un scribe exprime l'espérance qu'il sera enterré à Abydos,
dans la montagne de Ta-ser, ⟨hiéroglyphes⟩[4]. La to-
pographie céleste possédait aussi son *Ta-ser*.

Les ornements dont il est question, à la ligne 13, sont
ceux de la momie. C'est la constatation de la résurrection
due aux nombreuses amulettes déposées avec le mort.
M. Pierret a donné une liste complète de ces talismans[5].

Après le groupe ⟨hiéroglyphes⟩ (lig. 14) le n° 3291 ajoute ⟨hiéroglyphes⟩.

La particule ⟨hiéroglyphes⟩ qu'il faut suppléer après le mot *demeure*
(lig. 14), manque dans tous les manuscrits du Louvre ; mais
elle se trouve exprimée dans la transcription de M. Brugsch.

A la ligne 15, on rencontre le groupe ⟨hiéroglyphes⟩, littéralement

1. Cf. Maspero, *Mém. sur qq. pap.*, etc., p. 29 et 96.
2. Chabas, *Le Pap. mag. Harris*, p. 106.
3. Maspero, *Mém. sur qq. pap.*, p. 102.
4. Voir *Zeitschrift*, 1868, p. 2.
5. *Dict. d'Archéologie égypt.*, p. 137.

ta personne, que la transcription de **M.** Brugsch remplace par [hiéroglyphes].

Le titre (lig. 16), que j'ai traduit par *Seigneur des ado-*
rations, n'est pas habituel à *Horus*. Au lieu de [hiéroglyphes], les manuscrits n°ˢ 3121 et 3291 donnent [hiéroglyphes]. Mais *Horus* ne prend jamais le titre de *Seigneur de la barque Hen-nu*, cette barque étant spéciale-ment employée pour les promenades de l'image de *Sokar*[1]. Ma traduction est basée sur la variante [hiéroglyphes] pour [hiéroglyphes], signalée par M. Éd. Naville[2].

Dans la phrase : *ton beau visage vit [dans] tes enfants* (lig. 16), j'ai suppléé la préposition [hiéroglyphe], qui manque cepen-dant dans tous les manuscrits. Notons aussi qu'au lieu du pronom de la 2ᵉ personne, [hiéroglyphe], qui est la véritable leçon, notre papyrus porte celui de la 1ʳᵉ personne, [hiéroglyphe].

La fête *Uka* (lig. 18) est mentionnée très souvent dans les textes funéraires. C'était la fête des ancêtres, la fête de *Ptah-Sokari*[3].

§ 10. Lig. 19. O Osiris *un tel!*
        20. Ton âme vit par le *Livre des Respirations;*
            Tu te joins à lui.
            Tu entres dans le ciel inférieur;
        21. Tes ennemis n'y sont pas.
            Tu es comme une âme divine dans *Tattu*.
            Ton cœur est à toi;
            Il ne sera plus séparé de toi.

---

1. P. Pierret, *Dict. d'Archéol. égypt.*, p. 518.
2. *Litanie du Soleil*, p. 98, note 5.
3. P. Pierret, *Dict. d'Arch. égypt.*, p. 224.

22. Tes yeux sont à toi ;
    Ils s'ouvrent chaque jour.

A la ligne 20, le groupe [hiéroglyphes], *au même*, remplace les mots : *au Livre des Respirations*, d'après la variante du n° 3291 et des autres manuscrits.

Les Égyptiens considéraient le cœur comme la source de la vie terrestre, indispensable à la reconstitution matérielle du corps. M. Pierret a constaté que cet organe était embaumé, séparément, dans un des vases funéraires appelés *canopes*, et mis sous la garde du génie *Tuamutef*. On les séparait ainsi parce que le cœur ne pouvait être replacé dans le corps qu'après avoir figuré dans le plateau de la balance du jugement osirien[1].

Page IV

§ 11ᵃ. Lig. 1. Les dieux qui accompagnent *Osiris* disent à *Osiris un tel* :
          2. Tu sers *Ra* ;
          4. Tu sers *Osiris* ;
             Ton âme vit toujours et éternellement.

§ 11ᵇ.   Les dieux qui habitent le ciel inférieur d'*Osiris-Khent-Ament* disent à Osiris *un tel* :
    Lig. 6. Qu'on lui ouvre les portes du ciel inférieur ! Qu'il soit reçu dans le *Kher-neter*.
          7. Que son âme vive à jamais. Il s'est construit une demeure dans le *Kher-neter*.
          8. Son dieu l'a récompensé ;

1. *Dict. d'Archéol. égypt.*, p. 135.

Il a reçu le *Livre des Respirations,*
Pour qu'il respire.

La seconde division de ce paragraphe mentionne l'admission définitive du défunt dans la région infernale.

Au lieu de ★ 🦅 (lig. 4), la transcription de M. Brugsch donne 🗝.

Dans la phrase 〜 🦅 ★ 🦅, le sens subjonctif est indiqué par la variante suivante que fournit le manuscrit n° 3166 : 🦅 etc. ; littéralement : *qu'il lui soit ouvert aux portes du Tuau.*

On lit ensuite : *que tu sois reçu dans le Kher-neter.* Il est à noter ici que, dans notre manuscrit, le scribe a biffé l'affixe ∬ (qui se trouve cependant dans le n° 3291), et a écrit en dessous l'affixe de la 2ᵉ personne, 〜. J'ai traduit le passage dans la 3ᵉ personne que l'ordre du discours paraît exiger ici.

A la ligne 8, il faudrait peut-être traduire le groupe 🦅, *loué,* au lieu de *récompensé.*

On trouve ensuite la phrase 🦅. Le nom de l'âme étant masculin en égyptien, le pronom 〜 peut se rapporter soit à l'âme, soit au défunt. Le papyrus n° 3121, consacré à une assistante d'*Amon-Ra,* paraît lever toute incertitude à cet égard. On y trouve à l'endroit correspondant et dans la suite du même passage, le pronom féminin ∬, ce qui prouverait que c'est la défunte qui s'est construit une demeure, que c'est elle qui a été récompensée et que c'est encore elle qui a reçu le *Livre des Respirations.*

§ 12. Lig. 9. Que *Osiris-Khent-Ament,*
           Dieu grand, Seigneur d'*Abydos,*

10. Royalement, fasse don de pains, de bière,
    de bœufs, d'oies, de vin, de liqueur *aket*,
    de pains *hotep*, de bonnes provisions de
    bouche de toute espèce,
11. A Osiris *un tel*.
12. Ton âme est vivante;
    Ton corps germe
    Par ordre de *Ra* lui-même,
    Sans dommage, ni douleur,
13. Pareil à *Ra*, toujours et éternellement.

Au commencement du paragraphe, on trouve le groupe [hiéroglyphes], pour lequel j'ai adopté la traduction nouvelle proposée par M. Goodwin[1].

Le mot [hiéroglyphes] (lig. 13), dont le n° 3291 fournit la variante [hiéroglyphes], est mis ici en parallélisme avec le terme [hiéroglyphes], *destruction, dommage*, et doit avoir le sens de *douleur*[2].

§ 13. Lig. 14. O marcheur, sorti de *An*,
      15.   Osiris *un tel* n'a pas commis de péché.
      16. O puissant du moment, sorti de *Kerau*,
      17.   Osiris *un tel* n'a pas fait de mal.
      18. O marines, sorties de *Sesunnu*,
      19.   Osiris *un tel* n'a pas été exigeant.
      20. O mangeur de l'œil, sorti de *Kerti*,
      21.   Osiris *un tel* n'a rien acquis par le vol.

1. Voir *Zeitschrift*, 1876, p. 101.
2. Cf. Naville, *Le Mythe d'Horus*, pl. III, titre horiz., et Pierret, *Vocabulaire hiérogl.*, p. 221.

Page V

Lig. 1. O impureté de la face, sortie de *Ru-sta*,
Osiris *un tel* ne s'est pas mis en colère.
2. O deux lions, sortis du ciel,
Osiris *un tel* n'a pas commis d'iniquité par suite de dureté de cœur.
3. O œil de flamme, sorti de *Seχem*,
Osiris *un tel* n'a pas pratiqué la corruption.

Pour obtenir son admission définitive au *Tuau*, le défunt devait déclarer ne s'être pas rendu coupable des sept péchés mentionnés dans ce paragraphe. L'énumération de ces péchés est tirée de la confession négative du chapitre 125 du *Livre des Morts*. Mais il fallait surtout que le défunt fût justifié par ses bonnes œuvres dont le paragraphe 14° donne le tableau.

Les deux *Ker* 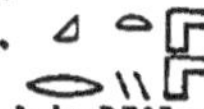, sont les deux abîmes près d'Éléphantine d'où le Nil était censé sortir[1].

Le groupe 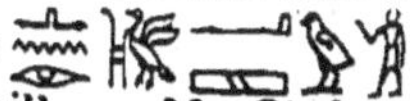 (à la ligne 19) ne se rencontre pas ailleurs. M. Chabas pense que le sens le plus satisfaisant serait : *je n'ai pas été un producteur de réclamations, d'appels ; je n'ai pas été exigeant.*

Le nom du génie mentionné à la ligne 20 est tantôt *mangeur de l'ombre*, , tantôt *mangeur de l'œil*,  ou *de son œil*, .

Page V, ligne 1, le verbe  paraît signifier *se mettre en colère*[2] ; mais ce sens n'est pas prouvé.

Je ne connais pas d'autre exemple du groupe 

1. Chabas, *Inscript. des Mines d'or*, p. 7.
2. Brugsch, *Dict.*, p. 1287.

⟶ (page V, lig. 2) ; M. Chabas a bien voulu me signaler le terme ⟨⟩. qu'on peut comparer au copte ⲙⲉⲧⲛⲁϣⲧϩⲏⲧ, *dureté de cœur*.

J'ai traduit le mot ⟨⟩ (page V, lig. 3), par *corrompre, pratiquer la corruption*, en adoptant l'interprétation proposée par M. Brugsch[1].

La ville nommée *Seχem* (lig. 3) a été identifiée par M. J. de Rougé avec *Letopolis*[2].

§ 14ᵃ. Lig. 4. O dieux qui habitez le ciel inférieur :
              Écoutez la voix de l'Osiris *un tel*.
              Il est venu auprès de vous :
       5. Il n'a conservé aucune souillure de péchés ;
              Il n'y a plus aucun mal en lui :
              Aucun délateur ne s'est élevé contre lui ;
              Il vit dans la vérité ;
              Il se nourrit de vérité.
              Les dieux sont satisfaits de tout ce qu'il a fait ;
       6. Il a donné des pains à celui qui avait faim,
              De l'eau à celui qui avait soif,
              Des vêtements à celui qui était nu.
              Il a présenté des offrandes aux dieux,
              Des oblations funéraires aux mânes.
              Il n'a pas été fait de rapport contre lui devant
                aucun dieu.
       7. Qu'il entre [donc] dans le ciel inférieur,
              Sans être repoussé ;
              Qu'il serve Osiris et les dieux de *Kerti* ;
       8. [Car] il est favorisé parmi les fidèles
              Et divinisé parmi les parfaits.
              Qu'il vive !

1. Brugsch, *Dict.*, p. 1160.
2. *Monnaies des Nomes*, p. 66.

Que son âme vive !

Que son âme soit admise en tout lieu qu'elle aime.

9. Il a reçu son *Livre des Respirations*,

Pour qu'il respire avec son âme, [avec] celle du ciel inférieur,

10. Et pour qu'il accomplisse toutes les transformations, à son gré,

Avec les habitants de l'*Amenti*.

Que son âme aille en tout lieu qu'elle aime,

11. Et qu'elle vive sur la terre à tout jamais, éternellement et à perpétuité.

C'est fini.

Cette remarquable prière, qui s'adresse aux divinités de la région infernale, était récitée par le prêtre officiant et avait pour but de rendre le défunt agréable aux dieux. Elle est empreinte d'un sentiment essentiellement religieux, et contient des maximes morales dont la concordance frappante avec les préceptes du législateur juif et avec ceux du Christ a été déjà signalée par les égyptologues, et plus particulièrement par M. Chabas dans son Mémoire intitulé *Hebræo-Ægyptiaca*. Il est facile de reconnaître dans cette composition la source d'où Diodore a tiré le récit suivant :

« La barque étant arrivée sur le lac, avant d'y placer la
» caisse qui contient le mort, chacun a le droit de porter
» contre lui des accusations ..... ; si aucun accusateur ne
» se présente ou que l'accusation paraisse calomnieuse,
» les parents quittent le deuil, font l'éloge du mort et ne
» parlent pas de sa naissance, comme le font les Grecs, car
» les Égyptiens se croient tous également nobles ; mais ils
» célèbrent son éducation et ses connaissances, sa piété et sa
» justice, sa continence et ses autres vertus, depuis sa
» jeunesse jusqu'à l'âge viril ; enfin ils invoquent les dieux
» infernaux et les supplient de l'admettre dans la demeure

» réservée aux hommes pieux. La foule y joint ses accla-
» mations accompagnées de vœux pour que le défunt jouisse
» aux enfers de la vie éternelle, dans la société des bons'. »

La première moitié de ce paragraphe de notre texte reproduit les lignes 37 et 38 du *Livre des Morts*.

J'ai rendu par *témoin à charge, accusateur, délateur*, le
groupe ⸺ (lig. 5), qui est déterminé dans la plupart
des manuscrits par le signe de l'homme.

A la ligne 10, j'ai traduit par *habitants de l'Amenti*, le
groupe ⸺, litt. : *les occidentaux*.

Page VI

§ 14ᵇ. Lig. 1. On remorque l'Osiris dans le grand bassin
           de *Khons*.
       2. Après qu'il a repris son cœur,
       3. On ensevelit [dans le coffre] le *Livre des*
           Respirations,
       4. Qui est écrit des deux côtés sur toile de *suten*.
       6. Placé [sous] son bras gauche,
       7. Près de son cœur,
       8. . . . .
       9. Si ce livre est fait pour lui,
      10. Il respirera avec les âmes des dieux,
      11. Toujours et éternellement.

Il doit être question ici du défunt qui passe comme Osiris
dans le grand bassin de *Khons*. Cette prescription, relative
au transport de la momie à travers un des lacs sacrés, est
aussi mentionnée dans les papyrus *Rhind*'. Elle rappelle le
passage suivant de Diodore :

1. Livre I, chap. xcii.
2. Facsimiles of two papyri, pl. II, ligne 3, et pl. VII, ligne 6.

« Lorsque le corps est prêt à être enseveli, les parents
» en préviennent les juges, les proches et les amis du défunt ;
» ils leur indiquent le jour des funérailles par cette formule :
« Un tel doit passer le lac de la province où il est mort. »
» Aussitôt les juges, au nombre de plus de quarante, arrivent
» et s'asseyent dans un hémicycle placé au delà du lac.
» Une barque, appelée *Baris*, est alors amenée par ceux
» qui sont chargés de les construire ; elle est montée par
» un pilote que les Égyptiens appellent dans leur langue
» *Charon*[1]. » (Ce dernier nom est le ⸻, *con-
ducteur*, des hiéroglyphes.)

Malgré la brièveté du texte égyptien, on voit que l'historien grec a mêlé ensemble une cérémonie funéraire et la
scène du jugement de l'âme, décrit au chapitre cxxv du
Livre des Morts.

A la ligne 2, le texte dit que le défunt a repris son cœur.
On sait que le cœur était embaumé, séparément, dans un des
quatre canopes qu'on déposait dans le tombeau auprès de la
momie[2].

Ma traduction des groupes ⸻,
en dedans et en dehors de lui c'est-à-dire, *des deux côtés,
au recto et au verso*, est purement conjecturale[3].

A la ligne 6, le copiste a omis la préposition ⸻, que
donnent les autres manuscrits.

Je n'ai pu déchiffrer la ligne 8 du texte hiératique. La
prescription finale ne se trouve que dans trois manuscrits
du Louvre où elle est plus ou moins mutilée ou effacée et
altérée.

---

1. Livre I, chap. xcii.
2. Cf. Pierret. *Dict. d'Arch. égypt.*, p. 115.
3. Cf. aussi Maspero, *Mém. sur qq. pap.*, p. 25.

La théorie de la destinée des élus, telle que l'émet le *Shaï-en-sinsin*, peut se résumer en peu de mots.

Purifié au physique et au moral, et justifié devant Osiris, grâce à ses vertus et à ses bonnes œuvres, le défunt se réunit au Soleil et descend avec lui, par les portes de l'horizon oriental, dans le ciel inférieur, le Hadès égyptien. Ptah lui forme une nouvelle enveloppe en os et en chair, semblable à celle qu'il avait sur la terre ; Amon l'anime du souffle vital ; son cœur, principe de sa vie matérielle, lui est rendu. Ainsi reconstitué, le défunt reprend toutes les fonctions de ses organes corporels : il voit, il entend, il parle, il marche, il boit, il dort et s'éveille chaque jour ; il jouit d'une santé perpétuelle ; il n'a plus rien à craindre de ses ennemis. Il conserve son individualité, il acquiert le privilège de prendre toutes les apparences à son gré, de se transporter instantanément d'un lieu dans un autre, de visiter la terre chaque jour, et même d'y accomplir une nouvelle existence corporelle.

L'âme vit éternellement, mais séparée des mânes[1].

Ces renseignements sur la seconde vie sont complétés par d'autres textes. Le monde à venir y est représenté à l'image de celui d'ici-bas ; la vie spirituelle est pour ainsi dire un calque de la vie humaine, les occupations des élus étant analogues à celles de l'homme sur la terre. Ce n'est pas une existence contemplative pendant l'éternité, une félicité passive, mais une vie active et laborieuse, et, pour me servir de l'expression de M. Chabas, douée d'un essor infiniment plus vaste.

Telle est la conception égyptienne de la vie divine des justes, dont je me suis borné à exposer la théorie sans chercher à l'expliquer.

---

1. Cependant, au moyen du chap. c du *Livre des Morts*, le défunt pouvait rentrer en possession de son âme.

SPOLIATION OF TOMBS

(XXth DYNASTY)[1]

The papyrus, of which a translation here follows, was
purchased in the year 1857 from Dr. Abbott of Cairo, by the
Trustees of the British Museum, and in 1850, a facsimile,
preceded by an excellent preface from the pen of Dr. S. Birch,
was published by them in the *Select Papyri in the Hieratic Character*. This eminent Egyptologist had already,
in 1859, drawn the attention of the scientific public to this
ancient document, by giving an account of it in the *Revue
archéologique* (tome XVI, p. 257), under the title of *Le
Papyrus Abbott, par S. Birch, traduction de F. Chabas*.
Since that time, and nearly simultaneously, two complete
French translations have been published, one by M. F. Chabas,
Chalon-sur-Saône, 1870, in his *Mélanges égyptologiques*
(3ᵉ série, tome I), the other by M. G. Maspero, Paris, 1871,
entitled *Une enquête judiciaire à Thèbes au temps de la
XXᵉ dynastie*. Both translations are accompanied by an
analysis, and the latter by a transcription of the hieratic
text and an interlinear version.

The Ms. consist of seven pages of clear and bold hand-
writing, regular at the commencement, but less carefully
written as it approaches the end, until it becomes almost

---

1. Publié dans les *Records of the Past*, 1ˢᵗ Series, t. XII, p. 101-
115.

illegible on the endorsement which is not reproduced here, as it merely contains a list of names of no special importance for the present publication.

This valuable document throws considerable light upon the administration of justice in ancient Egypt, and shows the entire course of proceedings in a criminal case under the reign of Rameses IX. The style is clear and the action goes on in a connected and regular way. But what makes the sense of the translation somewhat ambiguous on a first reading is the difficulty of rendering it literally, and at the same time in good English, as the sentences are very long and frequently interrupted by explanatory phrases.

SPOLIATION OF TOMBS

Page I

1 (The 16th year'¹. the 18th day of Athyr, in the reign of the King of Upper and Lower Egypt. Lord of the two countries Nefer-ka-ra Sotep-en-Ra, the son of the Sun, Lord of Diadems.

2 (Ramessu Kha-em-uas) Merer-Amen, Beloved of Amen-Ra, the King of the gods, and of Har-em-akhu, who gives life eternally and for ever.

3 (On that day were sent) the Examiners of the august... necropolis, the Scribe of the Nomarch and the Scribe of the Overseer of the King's treasury

4 (to the monuments) and chapels of the royal ancestors, and to the sepulchres and resting-places of the chanters

5 (and mourners) which are in the West-quarter of the city, by the Nomarch Kha-em-uas,

the royal Controler, Nes-Su-amen, Scribe of the King,

6 (the Major-domo) of the abode of the divine adorer of Amen-Ra, the King of the gods,

---

1. The words enclosed in brackets, thus ( ) replace lacunæ.

the royal Controller NEFER-KA-RA-EM-PA-AMEN, Reporter
    of the King,
7 (in order to investigate) concerning what the thieves had done
    in the West-quarter of the city, on which subject the Com-
    mandant, chief of the Police, PA-AU-AA, of the very august
    necropolis
8 (of millions of years of the) King, which is in the West of
    Thebes, had reported to the Nomarch, the Magistrates
    and the Examiners of the King.
9 (Functionaries) who went on that day with the Commandant.
    chief of the Police, PA-AU-AA, of the necropolis :
10 the.......' BEK EN-UR-ENRU, of the palace,
11 ....' of the Necropolis,
12 ....' of the palace,
13 ....' of the palace,
10bis the chief of the Police, MENTU-KHOPESH-EF, of the palace,
11bis the Scribe PA-A-EN-BAUK-HOR, of the Nomarch,
12bis the great Scribe of the Store-house, PAI-NEFER, of the Over-
    seer of the Treasury,
13bis the Prophet PA-AN-KHAU, of the temple of AMEN-HOTEP,
14 the Prophet SAR-AMEN, of the temple of AMEN, of the cellars,
15 the Police-officers of the necropolis, who were with them.

Page II

1 Monuments, chapels and sepulchres examined on that day,
    by the Examiners :
2 The eternal horizon' of king SAR-KA, son of the Sun, AMEN-
    HOTEP, which is 120 cubits
3 deep in its principal chamber', the long corridor belonging
    to it being at the north of the temple of AMEN-HOTEP
4 of the vineyard, of which the Commandant PA-SAR, of the
    city, had made a report to the Nomarch KHA-EM-UAS,
5 the royal Controller NES-SU-AMEN, Scribe of the King, the

1. Lacunæ.
2. The tomb.
3. The one in which the mummy is deposited.

Major-domo of the abode of the divine adorer of AMEN-RA, the King of the gods,

6 and the royal Controller NEFER-KA-RA-EM-PA-AMEN, Reporter of the King, (all) high Magistrates, saying :

7 "The thieves have violated it." Examined on that day, it was found intact by the Examiners.

8 The monument of King SA-RA-AN-AA, which is at the north of the temple of AMEN-HOTEP of the terrace.

9 This tomb is injured on the surface opposite the spot where the tablet is placed ;

10 on the tablet is the image of the King, in a standing position, having between his feet his greyhound,

11 named BEHHUKA. Examined on that day, it was found in good condition.

12 The monument of King NUB-KHEPER-RA, son of the Sun, AN-TUF, was found to have been

13 pierced by the hands of the thieves, who had made a hole of two cubits and a half in its surrounding wall, and (a hole of) one cubit

14 in the great outside-chamber of the sepulchre of the Chief of the transportation of the offerings, AURI, of Pa-amen,

15 which (tomb) is in ruins. It was in good condition, the thieves not having been able to penetrate into it.

16 The monument of King RA-SEKHEM-EM-APU-MA, son of Sun, ANTUF-AA. It was found

17 to have been pierced by the hands of the thieves at the spot where the tablet of the monument is fixed.

18 Examined on that day, it was found entire, the thieves not having been able to penetrate into it.

Page III

1 The monument of King RA-SEKHEM-SESHET-TAUI, son of the Sun, SEBAK-EM-SAU-EF.

2 It was found that the thieves had violated it by undermining the chamber of the perfections[1] of the

---

1. One of the names of the principal chamber of a tomb.

3 monument, from the great exterior chamber of the sepulchre
  of the Overseer of the granaries, NEB-AMEN, of the King
  MEN-KHEPER-RA (THOTMES III).

4 The place of sepulture of the King was found to be void of its
  occupant ; so was the place of sepulture of the principal
  royal spouse.

5 NUB-KHA-S, his royal wife; the thieves had laid hands on
  them. The Nomarch,

6 the Magistrates and Controllers investigated (the matter) and
  found the thieves having laid hands on them a fact,

7 as far as the King and his royal spouse were concerned.

8 The monument of King RA-SEKENEN, son of the Sun, TAAA.
  Examined on that day

9 by the Examiners, it was found intact.

10 The monument of King RA-SEKENEN, son of the Sun TA-AA-
   AA, being King TA-AA second.

11 Examined on that day by the Examiners, it was found intact.

12 The monument of King UAT-KHEPER-RA, son of the Sun,
   KAMES. Examined on that day, it was (found) uninjured.

13 The monument of King AHMES SA-PA-AR. Examined and
   found intact.

14 The monument of King NEB-KHER-RA, son of the Sun, MENTU-
   HOTEP, which is in the (region of) Sar'; it was intact.

15 Total of the monuments of the royal ancestors examined on
   that day by the Examiners :

16 found intact, 9 monuments; found violated, 1; total, 10.

17 The sepulchres of the pallakides of the abode of the divine
   adorer of AMEN-RA, the King of the gods : found intact, 2;

18 found violated by the thieves, 2; total, 4.

Page IV

1 Sepulchres and chapels in which repose the chanters and
  mourners, the women and men of the country,

2 in the West-quarter of the city. It was found that the thieves
  had violated them all, that they had torn their occupants

1. A particular quarter of the necropolis of Thebes.

3 away from their coffins and cases, had thrown them into the dust and had stolen all the funeral objects which

4 had been given to them, as well as the gold and silver and the ornaments which were in their coffins.

5 The Commandant, Chief of the Police, PA-AU-AA, of the very august necropolis, as well as the Chiefs of the Police and the Police-officers,

6 the Examiners of the necropolis, the Scribe of the Nomarch, the Scribe of the Overseer of the Treasury, who were with them, made a report about (these tombs) to

7 the Nomarch KHA-EM-UAS, the royal Controller NES-SU-AMEN, Scribe of the King, the Major-domo of the abode of the divine adorer of

8 AMEN-RA, the King of the gods, and the royal Controller NE-FER-KA-RA-EM-PA-AMEN, Reporter of the King, (all) high Magistrates.

9 The Commandant of the West-quarter, Chief of the Police, PA-AU-AA of the necropolis, placed the Names of the thieves in writing

10 before the Nomarch. The Magistrates and Controllers arrested them and put them into prison; they cross-examined them and reported the state of things.

11 The 16th year, the 19th day of Athyr. This was the day on which started, in order to examine the great places' of the royal children, the royal wives

12 and the royal mothers, which are in the abode of the perfected', the Nomarch KHA-EM-UAS, the royal Controller NES-SU-AMEN, Scribe of the King,

13 after having received the declaration of the worker in metal', PAI-KHARI, son of KHARUI, born of MAI-SHERAU, of the West-quarter of the city, a man belonging to the servants

1. The tombs.
2. Tombs of the royal family.
3. Literally: after having been spoken to by the worker in metal.

14 of the temple of User-ma ra Meri-Amen (Ramses III) in Pa-
    Amen, which (temple) is under the direction of the First
    Prophet of Amen-Ra, the King of the gods, Amen-hotep.
    This man, who was found on the spot,

15 was arrested, he having been (one) of three temple servants
    who were near the sepulchres, at the time when the No-
    march Ra-neb-ma-nakht made

16 his investigation in the year XIV; he said : "I was in the tomb
    of the royal spouse Isis of the King User-ma-ra Meri-
    amen (Ramses III).   I took away some

17 objects and I squandered them."   When the Nomarch and
    the controller had the worker in metal brought before them
    at the

Page V

1 sepulchres, he was blindfolded as a man to be carefully watch-
    ed; his sight was restored when he arrived at the spot, and
    the Magistrates

2 said to him : "Walk before us to the tomb of which youd said :
    I took away some objects from it."   The worker in metal
    walked before the Magistrates

3 to a reserve-tomb of the royal children of King User-ma-ra
    Sotep-en-ra (Ramses II), the great god; nobody had been
    interred therein and it had been left open.

4 as well as the resting-place of the workman Amen-em-an, son
    of Hui, of the necropolis, also situated there. And he said :
    "These are the tombs where I have been."

5 The Magistrates submitted the worker in metal to a complete
    cross-examination in the interior of the Great Valley.   It
    was

6 found that he was unacquainted with any place there, except-
    ing the two on which he had put his hand. He pronounced
    an oath by the sovereign Lord, striking his nose

7 and his ears, and with both hands upon a rod said : "I do
    not know any place within the (funeral) abodes, with the
    exception of the tomb which is open and

8 the resting-place on which your hand is placed."   The Magis-

trates examined the tombs and the great places which are the abode of

9 the perfected, where repose the royal children, the royal wives, the royal ancestors, the good fathers and mothers of the King.

10 They were found in good condition. The high Magistrates despatched the Examiners, the overseers, the workmen of the necropolis, the Chiefs

11 of the Police-officers, and all the servants of the necropolis of the West-quarter of the city, with a grand verdict (of *Not Guilty ?*) as far as the city.

12 The 16th year, the 19th day of Athyr. On that day, at the time of evening, near the temple of PTAH, Lord of Thebes, arrived the royal Controller,

13 NES-SU-AMEN, Scribe of the King and the Commandant PA-SAR, of the city. They met the Chief of the workmen, USER-KHOPESH, the Scribe AMEN-NEKHTU,

14 and the workman AMEN-HOTEPU, of the necropolis. The Commandant of the city spoke to the men of the necropolis in the presence of the Controller of the King

15 as follows : "The statement which you have made this day is not an authentic statement. You will have to suffer for what

16 you have done." Thus he spoke to them. He pronounced an oath by the sovereign Lord, in presence of the Controller of the King, and said : "The scribe HORA-SHERAU, son of AMEN-NEKHTU,

17 of the necropolis, from the interior of the Khena', and the Scribe PAIBESA, of the necropolis, have made me five revelations of sayings for which you are accountable, well worthy of death ;

18 now I shall place a report on this subject before the King, my master, that the King's men may be sent to destroy you all." So spoke he.

1. The buildings pertaining to the residence of the King (according to M. Chabas).

19 The 16th year, the 20th day of Athyr. Copy of the writing
    which the Commandant of the West-quarter of the city,
    Chief of the Police, PA-AU-AA, of the necropolis, placed
    before the Nomarch,

20 relative to the words which the Commandant PA-SAR, of the
    city, spoke to the men of the necropolis, in presence of the
    Controller of the King and the Scribe PAI-NETEM, of the
    Overseer of the Treasury.

21 The Commandant, PA-AU-AA, of the West-quarter of the city,
    said : "The royal Controller, NES-SU-AMEN, Scribe of the
    King, found himself in company with the Commandant,
    PA-SAR.

22 of the city. He was discoursing with the men of the necro-
    polis, near the temple of PTAH, Lord of Thebes." And the
    Commandant of the city said to the men

Page VI

1 of the necropolis : "Why were you mirthful on my account at
    the door of my house? I am the Commandant who makes
    the reports

2 to the Prince. Come! be mirthful in the place where you
    dwell. When it was examined, *you* found it in good con-
    dition, the violated (tomb) of

3 RA-SEKHEM-SESHET-TAUI, son of the Sun, SEBEK-EM-SAU-EF and
    NUB-KHA-S, his only royal spouse. By the great Prince!"
    And

4 he pronounced ten oaths by the worth of AMEN-RA, the King
    of the gods, the great god, whose statues were placed in
    his sanctuary this day.

5 Then, the workman USER-KHOPESH, who is under the autho-
    rity of the chief workman, RETU-EM-MAUT, of the necro-
    polis, spoke as follows : "All the kings and their

6 royal spouses, royal mothers and royal children, who repose
    in the august necropolis, as well as those who repose in
    the abode of the perfected, are in good condition ;

7 they are protected and cared for through all eternity; the ex-

cellent administration of the King, their child, watches and inspects **them**

8 thoroughly." The Commandant of the city said him : "You use marvellous language." But the words were not insignificant ones, those spoken by the

9 Commandant of the city. Again the Commandant of the city told the words for a second time, saying : "The Scribe HORA-SHERAU, son of AMEN-NEKTU, of the necropolis, of the interior of

10 The Khena (came...) towards the place where I was, and made me three revelations of very important sayings,

11 which my Scribe and the Scribe of the two districts of the city wrote down. Now the Scribe PAI-BESA, of the necropolis, made me

12 two other revelations, total, five. They also wrote them down. Concerning them silence cannot be kept. Woe! They are crimes worthy of the hatchet,

13 (and that the criminals) be placed on the bed of torture and submitted to all sorts of chastisement on account of them. But I shall send a report on this subject before the King, my master,

14 that the King's men may be despatched to destroy you." Thus spoke to them the Commandant of the city, and he pronounced then oaths, saying :

15 "Thus shall I do." I heard of the words which the Commandant of the city said to the men of the august necropolis of millions of years of the

16 King, in the West of Thebes, and I will make a report of them before my master, as it would be a crime for a man like me

17 to hear of words and conceal them. Howewer, I have not been able to get at the highly important words of which *thus* said the Commandant of the

18 city : "The Scribes of the interior of the necropolis, who stayed amongst the men (of the necropolis), told them to me." Alas! I

19 did not reach them [1]. I make a report before my master on the

---

1. Literally : my feet did not reach them.

subject. Let my master bring forward those who got at the words of which

20 the Commandant of the city said : "The Scribes of the necropolis told them to me : I will send a message on the subject before the King." Thus spoke he. It is a crime

21 for the two Scribes of the necropolis to have sought out the Commandant of the city, in order to make a report to him, when their fathers had not made him any,

22 but brought in their statement to the Nomarch, when he was in the South. But when he was in the North, the Police-officers, attendants of

23 his Majesty, of the necropolis, started for the place where the Nomarch was, with their memoranda. I have procured evidence in the 16th year, the 20th day of Athyr,

24 concerning the words which had been heard from (the mouth of) the Commandant of the city. I place them in writing before my master, that he may have brought forward those who reached them, immediately the next morning.

Page VII

1 The 16th year, the 21st day of Athyr. On that day, at the great assembly of the city, near the two tablets of AMEN, at the entrance of the court of AMEN, at the door of the adoration

2 of the Rekhi ' ; Magistrates who were sitting in the great assembly of the city on this day :

3 The Nomarch KHA-EM-UAS, the First Prophet of AMEN-RA, King of the gods, AMEN-HOTEP, the Prophet of AMEN-RA, King of the gods, the Scribe NAS-SU-AMEN, of the temple of millions of years

4 of the King of Upper and Lower Egypt, NEFER KA-RA SOTEP-EN-RA (RAMSES IX), the Royal Controller NAS-SU-AMEN, Scribe of the King, the Major-domo of the abode of the divine adorer of AMEN RA, the King of the gods,

5 the royal Controller NEFER-KA-RA-EM-PA-AMEN, Reporter of

---

1. The intellectual part of Society.

the King, the Captain HORA, of (the cavalry), the Fan-bearer HORA,

6 of the Marine, the Commandant PA-SAR, of the city. There the Nomarch KHA-EM-UAS had brought forward the worker in metal PAI-KHARI, son of KHARUI,

7 the worker in metal TARI, son of KHA-EM-APT, the worker in metal PA-KAMEN, son of TARI, of the temple of USER-MA-RA MERI-AMEN (RAMSES III) which is under the authority of the First Prophet of AMEN.

8 The Nomarch said to the high Magistrates of the grand assembly of the city : "The Commandant of the city said some words to the

9 examiners and workmen of the necropolis, in the 16th year, the 19th day of Athyr, in presence of the royal Controller NES-SU-AMEN, Scribe of the King,

10 and slandered concerning the great places which are in the abode of the perfected. Now, I, the Nomarch of the country, was there

11 with the royal Controller NES-SU-AMEN, Scribe of the King. We examined the places of which the Commandant of the city said : "They have been penetrated by the workers in metal

12 of the temple of RA-USER-MA MERI-AMEN." We found them intact, discovering everything he had said to be false. But behold !

13 the workers in metal are standing before you. Let them tell all that has happened." They deliberated. It was found that the men

14 did not know any place in the abode of the perfected, about which the Commandant of the city had spoken. It was he who had been false in this.

15 The high Magistrates accorded the breath of life to the workers in metal, of the temple of USER-MA-RA MERI-AMEN, in PA-AMEN, which (temple) is under the authority of the First Prophet of AMEN-RA, the King of the gods,

16 AMEN-HOTEP. On this day a paper was signed for them, and they went to the house of the Scribe of the Nomarch.

INSCRIPTIONS

ON THE

STATUE OF BAK-EN-KHONSOU

(XIXth DYNASTY)[1]

The Glyptothek in Munich possesses a fine statue of a High-Priest of Ammon, named Bak-en-Khonsou, who was also Superintendent of Public Works under Seti I and Ramses II.   He is represented, in the Egyptian style, sitting on the ground with his arms folded across his knees. The inscriptions, of which a translation here follows, cover the legs, back, and lower part of the statue. They have already been published and translated by the late Théodule Devéria, *Monument biographique de Bakenkhonsou*, in the *Mémoires de l'Institut égyptien*, t. Ier, Paris, 1862; by professor J. Lauth, *Der Hohepriester und Oberbaumeister Bokenchons*, Leipzig, 1863; and by Dr. H. Brugsch-Bey in his *Geschichte Aegyptens*, Leipzig, 1877.

It would appear from the inscriptions (as Devéria justly observes) that Bak-en-Khonsou himself caused his statue to be executed during his lifetime, when he was 86 years of age. Egyptian epitaphs show us many cases in which the deceased appear to extol their own virtues, and in this

1. Publié dans les *Records of the Past*, 1st Series. t. XII, p. 117-122.

instance modesty is certainly not predominant in the High-
Priest's estimate of his qualifications. Having completed his
statue to his satisfaction, and taken care that no meritorious
act of his life should be forgotten, he entreats, as a recom-
pense from his god, the favour of a prolonged existence.

INSCRIPTION COVERING THE BACK OF THE STATUE

The noble Chief, First Prophet of AMEN, BAK-EN-KHON-
SOU, the justified, says : I was equitable and truthful, a
favourite of my master, honouring the precepts of my
god, walking in his track, performing acts of beneficence
within his temple. I was the great superintendent of public
works in PA-AMEN[1], beloved by my master. Oh all men
having reflection in their minds, oh creatures who are upon
earth and come after me from millions of years to millions
of years, after age and decay, whose hearts are contented
at the sight of glorious acts, I will inform ye who I was
upon earth, in all the functions I filled from the time of my
birth. I was four years in extreme infancy ; I was twelve
years in youth ; I was made steward by King RA-MEN-MA
[Seti I] ; I was priest of AMEN for four years ; I was divine
father of AMEN for twelve years ; I was third prophet of
AMEN for fifteen years ; I was second prophet of AMEN,
for twelve [years]. He [the King] rewarded me ; he distin-
guished me for my merit : he appointed me first prophet of
AMEN, [which I was] for twenty-seven years. I was a good
father to my temple servants, providing for their families,
tendering the hand to those who were miserable, sustain-
ing those who were inferior, and performing glorious acts
in his [the king's] temple. I was the great superintendent of
public works of the KHENT of Thebes to his son, issued

1. Part of Thebes, situated on the left bank of the Nile.

from his loins, the King of Upper and Lower Egypt, RA-USER-MA SOTEP-EN-RA, the son of the Sun, RAMESSU-MERI-AMEN [RAMSES II], who giveth life. [He] erected monuments to his father AMEN, who placed him on his throne; he did it through the First Prophet of AMEN, BAK-EN-KHONSU, the justified. He [BAK-EN-KHONSU] says : I performed glorious deeds in the temple of AMEN, as superintendent of public works of my master; I made him a sacred pylon [named] RAMESSU-MERI-AMEN, WHO DOTH LISTEN TO THE BELIEVER, at the upper doorway of the temple of AMEN. I had obelisks in granite erected near it : their summits reach the firmament. The front building before it is of stone, and faces Thebes. The reservoirs and gardens are planted with trees. I constructed huge gilt doors; their summits join the sky. I made lofty flag-staffs; I had them raised in the noble court in front of his temple. I launched large boats into the river for AMEN, MUT and KHONSU.

By the noble Chief, First Prophet of AMEN,

BAK-EN-KHONSU.

INSCRIPTION COVERING THE LEGS OF THE STATUE

"May AMEN-RA, TUM, HOR-EM-AKHUI, the soul of heaven, living in truth, the AKHEM[1] in his boat, MUT, the great, the protectress of the two regions, and KHONSU-NEFER-HOTEP, grant a royal table of offerings; may they grant that my name be established in Thebes, and remain stable to all eternity ; [may they grant this] to me, the noble Chief, the leader of the prophets of all the gods, First Prophet of AMEN in Ape'[2], BAK-EN-KHONSU, justified."

1. Name of the mummified hawk, a special form of Horus.
2. A quarter of Thebes, on the right bank of the Nile.

He says : Oh prophets, divine fathers and priests of PA-AMEN, present flowers to my statue and libations to my body. I was the virtuous slave of my master, possessing equity. and sincerity, rejoicing in truth, hating evil and developing the precepts of my god, I, the First Prophet of AMEN, BAK-EN-KHONSU. . . .

INSCRIPTION COVERING THE LOWER PART
OF THE STATUE

The noble Chief, First Prophet of AMEN, BAK-EN-KHONSU, [justified. He says] : I am he who possesseth truth, the virtuous slave of my god, who approacheth him in his turn, who giveth ' . . . . .

Youth or married man who [art yet] in life, may the happiness of to-day surpass that of yesterday, and (the same) to-morrow ; may it increase more than mine. I was, from youth to old age, within the temple of AMEN, in the service (of my god), contemplating his face. May he bestow upon me a happy existence of one hundred and ten years.

1. Lacunæ.

HYPOCEPHALUS OF THE LOUVRE

*Lettre au Président de la Société d'Archéologie biblique,
communiquée à la Séance du 4 mars 1884*[1]

DEAR SIR,

Having noticed in the last number of the *Proceedings,*
that you have copied, for publication, the whole of the
hypocephali in the British Museum, and that you would
like to receive copies of specimens which members might
possess, I beg to enclose an exact tracing of a fine hypocephalus made of linen and plaster, presented to the
Museum of the Louvre, and of which I gave an account in
the *Revue archéologique*, 1862, VI, p. 129. I add an extract
of this article, as it may perhaps interest the readers of the
Proceedings, although the subject has been ably treated by
the eminent Egyptian scholar, Dr. Samuel Birch, President
of the Society.

It is generally known, that one of the great dogmas of
the religion of the ancient Egyptians was the belief in the
continuation of life after death, and that the new existence
was to begin in the old body, which the soul was to rejoin.
This belief caused them to embalm the body, in order to

1. Publié dans les *Proceedings of the Society of Biblical Archæology*, vol. VI, p. 126-129, avec une planche. C'est la planche qui
accompagne le mémoire *Note sur un hypocéphale*, p. 1-12 du présent
volume.

preserve it intact until the day of resurrection, and to protect it by virtue of talismans. Amongst these amulets was the dish called hypocephalus, which was placed under the head of the mummy, to maintain the vital warmth of the body. The scenes portrayed on these disks relate, in all their details, to the resurrrection and the renewed birth after death, and this idea is more particularly symbolized by the course of the sun, the living image of divine generation.

The hypocephalus in question is divided into four compartments, two of which are opposed to the two others, as if to indicate the two celestial hemispheres ; the upper one above the terrestrial world, and the lower one below it. A little inscription seems to denote the name of the amulet; it heads the part which represents the lower or dark hemisphere, from whence the sun was supposed to have come forth to mark the beginning of time, and reads as follows : "[Disk to be placed] beneath the head of the Osirian Tatu, the justified." Other specimens give the variation : "Producer of heat beneath the head of the Osirian."

The first compartment shows the soul of the deceased, in the form of a hawk with a human head, adoring a cow which wears a disk and two feathers. Behind the soul is the hieroglyphical sign for *shadow*. The cow represents the goddess Hathor, who fulfils the important rôle of the Celestial Mother, and personifies the lower hemisphere of heaven in which the sun sets in the evening to issue from it the next morning, as after a new birth. She was supposed, in that character, to receive the deceased on his arrival at the gates of the Occident. Here, it is the soul of the deceased who asks to be born again in the bosom of the Celestial Mother. The 162ⁿᵈ chapter of the Book of the Dead shows the figure of this cow, and the text relating to it (which will be given further down) recommends, amongst other things, that

her image should be on the hypocephalus. Behind the cow
stands a goddess, having for head a disk with the mystical
eye in it, and holding a lotus flower, another symbol of
renewed birth. According to the late M. de Rougé, the
mystical eye, called *Uza*, conveys the idea of the renewal
of a period, like the full-moon, the solstice, the equinoxes,
etc., and it designates here the accomplishment of the
period of resurrection, always assimilated with the daily
and annual revival of the sun. The seated deity, half man
and half hawk, is a type of Amon, the generating principle; he holds the whip in his hand, and an ithyphallic
serpent with a hawk's head and human legs offers him the
mystical eye. All these different symbols represent on one
side the female, and on the other the male element, to
express the idea of the eternal generative power.

The second compartment shows the Sun in his boat, in
the form of Num-Ra, ram-headed, a type the Sun generally
takes when he traverses the lower hemisphere of heaven.
The god is accompanied by six divine personages called
Ketiu, who conduct and protect him in his course. At their
head is Horus, with a hawk's head and the double crown
of Upper and Lower Egypt, piercing with his spear the
serpent Apophis, who tries to stop the march of the solar
planet. This scene represents, allegorically, the power of
the rising Sun dispersing the shadows by the brilliancy of
his rays. A child, carrying his hand to his mouth, is seated
on a pedestal placed at the prow of the boat ; it is Horus
the younger, symbol of infancy, and here also of the
newborn of the rising Sun. The prow is ornamented by a
large lotus blossom to enforce the same idea. A second
boat carries a cynocephalus seated in a shrine ; he is another symbol of the *Uza*, or perfect equilibrium, but also
an emblem of Thoth, whom he replaces very often, when
this god is identified with the moon. Before the cynocephalus is a kind of altar, with a libation vase and a lotus

flower, the symbolism of which has already been explained. Other specimens represent the celestial and eternal
generation of the Sun, by the goddess Nu-t, or heaven,
leaning, with outstretched arms, over a scarabæus, the
masculine principle of generation. This emblem refers,
more particularly, to the material reconstruction of the
being.

In the upper compartment of the reversed hemisphere is
a double-faced deity, with two feathers on his head, and
holding in his left hand a standard surmounted by a jackal.
It is Amon, the supreme god of Thebes, identified with Ra,
the Sun, under the name of Amon-Ra. As such, he
receives all the qualifications attributed to the two deities,
and represents (according to the late M. Devéria) the
unseen and mysterious principle of Amon and the visible
and brilliant power of Ra combined. The boat on the right
contains the ark of Osiris defunct. A horizontal scarabæus
is above it, having on one side the name of Isis, and on
the other that of Nephthys, the two sisters of Osiris
who by their prayers effected the resurrection of their
brother. They are supposed also to accomplish that of the
deceased, as shown by some specimens on which the two
goddesses are represented addressing prayers to his soul.
On the left, a mummified hawk expanding his wings over
a boat symbolizes, more especially, the resurrection of the
soul. Above the hawk is the hieroglyphical sign for BA,
the soul, and the forepart of a ram, both followed by
plural terminations, and often used to express the same
idea.

The centre of the second compartment is occupied by a
quadruple ram-headed deity, Num-Ra, representing (according to Champollion) the Spirit of the four Elements, the
Soul of the material world, and (according to Devéria) the
Spirit of the four Winds or four cardinal points. Eight
cynocephali, four on each side of the god, raise their hands

in prayer. Two cartouches inscribed with serpents, and two cerastes, complete the scene. The circular inscription informs us, that the hypocephalus belonged to a lady named Tatu; it reads as follows : "Oh Amon of the Amons, who art in heaven above, direct thy face towards the body of thy son Ra; maintain it in good condition; preserve it in the funeral region; turn thy face towards the body of thy daughter, the august Osirian, who is in the funeral region, Tatu, the justified, daughter of the lady of the house, Nes-Tafnut, the justified. Let warmth be beneath her head in the funeral region."

This formula is found on several specimens; it is taken from the 162nd chapter of the Book of the Dead, which relates to the hypocephalus, and bears the title : "To produce warmth under the head of the image of a cow, made of good gold, put on the neck of the deceased, and which is also to be drawn on a new charta placed under his head. Abundant warmth will then exist troughout his body, as if he were on earth. Such is the very great care the cow takes of her son Ra when he sets." The text continues in the 11th line : " Words to pronounce when you put this goddess on the neck of the deceased : Oh Amon of the Amons, who art in heaven above, direct thy face towards the body of thy son ! maintain it in good condition in the funeral region."

The above extracts from the Book of the Dead show that the undertaker of the funeral of the deceased Tatu conformed entirely to the rules given for the preparation of her hypocephalus.

Very truly yours,

P.-J. DE HORRACK.

Paris, 12th February, 1884.

———

NOTE

ON

THE D'ORBINEY PAPYRUS[1]

———

Dear Mr. Rylands,

The D'Orbiney papyrus contains on page 17, line 4, the following passage :—

which has been variously rendered by the eminent Egyptologists who have translated this interesting document.

The late M. Chabas translated : "His Majesty wearing the pectoral of lapis" *(Sa Majesté portant le pectoral de lapis)*;

M. Le Page Renouf : "His Majesty was wearing the collar of lapis-lazuli."

Whilst an entirely different interpretation is given by the following scholars :—

M. Maspero : "His Majesty went forth from the portal of lapis-lazuli" *(Sa Majesté sortit du portail de lapis-lazuli)*;

———

1. Publié dans les *Proceedings of the Society of Biblical Archæology*, novembre 1889.

M. Groff : "His Majesty went forth from the portal (?) of χesbet" (*Sa Majesté sortit du portail (?) de χesbet*).

I beg to offer below, and to support by a short analysis of the two questionable groups, a translation differing but slightly from that of M. Le Page Renouf.

The use of the group is well known in the sense of *appear, come into view,* as the sun or a star from below the horizon, *bring forth* in procession the sacred shrines. It has also a secondary meaning in the sense of *adorned* or *invested* (with the emblem of royalty), *crowned* (as king) (see Brugsch, *Lexicon*, VII, p. 899). In our text it is connected with the group . This word is here written with two determinatives, the *cord,* , and the *plan of a house,* . In this form it signifies *an aperture in the wall of a building for admission of light and air, a window* (see Brugsch, *Lexicon*, VII, p. 1135). There can however be little doubt, that the determinative is here superfluous, and that we have to deal with one of those orthographic peculiarities signalled by M. Chabas, who, in his *Mélanges*, I, p. 99, quotes other instances of a similar nature. In the present case, it seems certain that the group *seshet* signifies not *portal* but *diadem, tiara,* as is clearly shown by a passage of the Inscription of Kuban, where, line 8, nearly the same expression occurs. "The king", it is said, "was seated on his throne," , "adorned with the *seshet* and the two feathers." In this phrase the word *seshet* is followed by the picture of a circular band with the asp in front and a knot with pendants behind, representing evidently a royal head-ornament in metal or some kind of texture (compare Wilkinson, *Ancient Egyptians*, vol. II, p. 328, fig. 11). Also, M. Brugsch has rendered it in this sense in his *Lexicon* (loco citato).

I propose, therefore, to translate the sentence in question as follows : "His Majesty was adorned with the diadem of lapis-lazuli (or the blue diadem)."

It will be noticed that it is only in the passage which follows, that the king's coming forth from the palace is indicated by the expression :

Very truly yours,

P. J. DE HORRACK.

Paris, Nov. 14th, 1889.

PHONETIC VALUE OF THE SIGN ▭ [1]

As is well known, the sign ▭ often takes the place of
◁ in the Royal titles, from whence it was concluded, that
its sound was that of ◁, viz. *mer* and *má, mái,* the final
letter *r* having afterwards fallen off.   The reading *má* was
adopted by the late M. Chabas, in his translation of the Ist
Anastasi papyrus [2], for groups in which the sign ▭ enters
as a phonetic value.   But in 1874 [3] M. Brugsch proposed
the reading 𓇋, 𓇋𓅓, and applied it to a great many expressions compound with ▭.   However strong were the
proofs of this value, brought forward by the learned Egyptologist, they did not appear conclusive to some scholars,
although others [4] adhered to the new reading.   It is true,
that these eminent authorities cite instances of ▭ having
apparently the value 𓇋, 𓇋𓅓 ; but on the other hand, the
old reading 𓅓𓇋 rests on a much firmer basis and is, as
will be seen, absolutely certain.

In addition to the already known variant furnished by the

---

1. Publié dans les *Proceedings of the Society of Biblical Archæology,* mars 1894.

2. *Voyage d'un Égyptien,* p. 103.

3. *Zeitschrift,* p. 143, and *Lexicon,* V, p. 26.

4. P. Le Page Renouf, *Proceedings,* VI, p. 99; W. Max Müller,
Asien und Europa, p. 79.

group ▱ 𓆇 ⌂ [1], M. Karl Piehl has recently produced two more instances in proof of the sound 𓅓𓏭 . *mà* (*Proceedings*, XIV, p. 45), and I now beg to point out some further examples, which were chiefly obtained by comparison with each other, of the numerous lists of funereal offerings, where the sign ▱ occurs in the name of the object called ▱ [2]. In these lists, from the earliest times down to the XIXth dynasty, this group is placed between

𓄿 and 𓆰 and in the corresponding place shows the following variants, viz. :—

𓎜 , 𓎜 𓏏   tombs at Saqqarah, of the IVth and VIth dynasty (Mariette, *Mastabas*, p. 119 and following).

𓎜   temple of Semneh, XVIIIth dynasty (Lepsius, *Denkm.*, III, pl. 48, 6).

𓎜   tomb of Ptah-hotep, IVth dynasty (Dümichen, *Resultate*, XIII, l. 6).

𓅓   tomb at Saqqarah, Vth dynasty (Mariette, *Mastabas*, p. 269; and *Recueil d. T.*, vol. III, Unas, l. 125).

An alliteration contained in a text of Mariette's *Abydos* (I, plate 33, 4)

$$\text{▱} = \text{◁} \quad \text{Temple of Seti I at Abydos}$$

has been already quoted by M. Le Page Renouf (*Proceedings*, IV, p. 63). The same passage occurs in Seti's tomb at

---

1. See J. de Rougé, *Textes géographiques*, p. 38; P. Le Page Renouf, *Transactions*, II, p. 304; Maspero, *Mélanges d'archéologie*, II, p. 298; Karl Piehl, *Recueil de Travaux*, II, p. 30, and *Dictionnaire du Papyrus Harris*, p. 39.

2. Dümichen, *Hist. Inschr.*, I, pl. 36, l. 26; *ibid.*, II, pl. 6, l. 7; and Lepsius, *Ælt. Texte*, pl. 10, l. 12.

Thebes (*Mission française du Caire*, vol. II, 3ᵉ partie, XIII,
25).   The sign ▭ appears also in the name of the tassel
⌐' generally written ⎯⎯⎯ ', where the following variants
yield the value 𓅃 , viz. :

𓅃   Sarcophagi of the Mentu-hotep, XIth
      dynasty (Lepsius, *Aelt. Text*, pp. 6,
      21 and 23).

      Tomb at Beni-Hassan, XIIth dynasty (Cham-
      pollion, *Notices*, II, p. 343).

      Temple of Seti I (Mariette, *Abydos*, I, p. 50).

I confine myself to pointing out the above instances, in
support of the value 𓅃 . 𓅃 ⌐. as one of the sounds, if not
the sound, assigned to the character ▭, when used phone-
tically in compound groups.   It will be noticed that ▭ is,
in many cases, followed by the bar, ⌐, which, according to
M. Erman², may be considered as a kind of determinative
added to substantives which are written with one single
sign and without any other determinative.

    With regard to the meaning of the group ▭ (var. ⌐)
mast, it is by no means clear.   The word occurs in the
well-known passage of the d'Orbiney papyrus (p. 16, 4)
where the Princess asks the King to let her eat the ▭⌐
mast, of the Bull.   Here it has generally been translated
liver, and elsewhere by M. Chabas *great intestine*'.
M. Brugsch⁵ has suggested, that *mast* may have some con-
nection with the name of *Amset,* one of the four funereal

1. Brugsch, *Lexicon*, p. 601.
2. Lepsius, *Ælt. Texte*. pp. 41 and 42.
3. *Ægyptische Grammatik*, § 51.
4. Pierret, *Lexicon*, p. 226.
5. *Lexicon*, p. 589; compare also P. Le Page Renouf. *Proceedings*,
VIII. p. 248.

genii, who presides over the embalmed *viscera*. The determinatives which accompany the said group are generally Ꝙ and ⌷, but in some instances a special sign, ꝺ, is attached to it. It is illustrated by a picture in a tomb at Saqqarah, described by Mariette[1], representing a servant who brings on his left shoulder the leg of a slaughtered animal and offers as sacrifice in his extend right hand, the object above figured, which is painted in red and called ⌁, *mȧst,* in the descriptive text. Hence it would seem that it represents an internal organ of the animal's body, perhaps the stomach. The group ▭ occurs several times in the Ebers papyrus (pp. 36, l. 9; 66, 5; 67, 7), but in neither passage does the context give any clue to its exact meaning.

1. *Mastabas,* pp. 274 and 277.

TABLE DES MATIÈRES

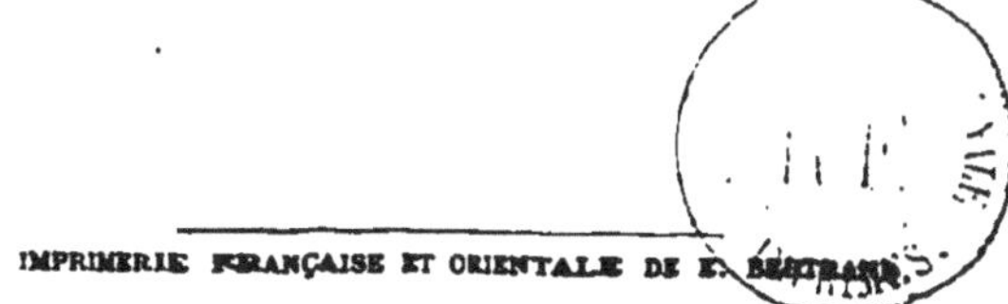

IMPRIMERIE FRANÇAISE ET ORIENTALE DE E. BERTRAND.